Cómo ayudar a nuestros hijos
a superar los estudios y elegir carrera

Si está interesado en recibir información
sobre nuestras publicaciones,
envíe su tarjeta de visita a:

Amat Editorial
Comte Borrell, 241
08029 - Barcelona
Tel. 93 410 67 67
Fax 93 410 96 45
e-mail: info.amat@gestion2000.com

Dra. Ángeles Rubio

Cómo ayudar
a nuestros hijos
a superar los estudios
y elegir carrera

Amat Editorial

Revisión técnica: Fernando de Luces y Murillo de la Cueva (UCM)
Diseño cubierta: *Jordi Xicart*
© Amat Editorial, S.L., Barcelona, 2002
ISBN: 84-9735-051-0
Depósito Legal: B. 36.732 - 2002
Fotocomposición Gama, sl, Barcelona
Impreso por Romanyà Valls, S.A. - Verdaguer, 1. 08786 Capellades (Barcelona)
Impreso en España — *Printed in Spain*

Este libro está dedicado
a mi marido Steven J. Wood.

Índice

Agradecimientos

Quiero agradecer la colaboración con la revisión técnica de este trabajo y por su inestimable amistad a Fernando de Lucas y Murillo de la Cueva, profesor de la Universidad Complutense de Madrid y compañero de estudios y trabajo investigador.

A mi amigo Miguel Ángel Ruiz de Azúa, gran profesor y decano del Colegio Nacional de Sociología. A la profesora en la facultad de Ciencias de la Educación, Mercedes Fernández Antón por su amistad de tantos años.

A mis padres por su paciencia, primero con mis trasgresiones e inquietudes, y ahora por su ayuda en el cuidado de mi hijo Anthony.

A Don Felipe Segovia, rector de la Universidad Camilo José Cela, y padre de la familia educativa Sek, mi escuela en el arte de enseñar a aprender. A su vicerrectora la Dra. Lola Caballero, por sus consejos sobre los fundamentos biológicos de la conducta. A los profesores de Psicología de la Educación, el catedrático Dr. Jesús Beltrán y Dr. Adolfo Sánchez-Burón, por su ayuda y sus enseñanzas, de las que este libro es deudor.

Por último, quiero hacer una mención muy especial a nuestros maestros que, apoyando la vocación de tantos jóvenes, no siempre tuvieron el merecido reconocimiento. Muchas gracias a todos mis profesores.

Introducción

De todos es conocida la importancia del asesoramiento educativo y vocacional, cuyo objetivo primero es el de conseguir una mayor eficacia, no sólo en los resultados en las calificaciones y en la carrera de nuestros hijos, sino de nuestra propia función de profesores, padres, orientadores o tutores.

Sin embargo, no es suficiente, ni conveniente, reducir ambos aspectos, como en ocasiones ocurre, el quehacer de los jóvenes y la labor de los mayores, a los meros resultados académicos. La educación forma parte de un proceso más amplio, el de socialización, por el cual los padres y educadores contribuirán a la mejor adaptación de los estudiantes a la vida en sociedad. En este camino no sólo las mejores calificaciones no garantizan, si bien pueden ayudar, una vida más feliz, digna, ni siquiera con los mejores resultados económicos y profesionales. Por el contrario, la excesiva insistencia en ellas como una prueba de «éxito» o «fracaso» sí puede incidir en el menoscabo de todas las anteriores; al convertir el estudio en un objeto de su aversión, en una fobia.

Es tradicional pensar que los resultados en los estudios deben ser el principal objetivo de los jóvenes, y no por el contrario, suponer, como de hecho sucede, que los estudios son sólo parte de su vida y, por tanto, reflejo del bienestar en todos los demás ámbitos. A pesar de lo importante que para los progenitores pueda parecer el futuro desempeño de sus hijos, cualquiera puede entender que la vida no se reduce al trabajo y mucho menos cuando ésta es observada desde el prisma de los ojos adolescentes ávidos de intereses diversos, pero también de conocimiento.

El estudio como parte de ese «arte de vivir descubriendo» es fácilmente asumible por todos, jóvenes y mayores. El estudio, como esfuerzo para el acceso a un mejor estatus y adaptación social, son intereses legítimos de los padres y las instituciones, pero por sí mismos no conseguirán movilizar el interés de los chicos y las chicas, frente a otras necesidades inmediatas en estos momentos de su desarrollo: la aceptación por parte de sus compañeros, el descubrimiento de sí mismos y de los otros, del mundo y sus modas.

En nuestra labor de apoyo y consejo, tampoco podemos aspirar a cambios de conducta inmediata en los resultados de las calificaciones y sí a una muestra conjunta en su satisfacción personal con el trabajo que realizan y sus metas como muestra de haber optado por el asesoramiento adecuado. Por otra parte, no siempre las calificaciones se encuentran relacionadas con una buena asimilación, con la asunción de un proyecto propio, con un aprovechamiento idóneo del tiempo y las aptitudes, como tampoco con la felicidad y estabilidad emocional de nuestros jóvenes, que será en definitiva el marco global en el que deben encuadrarse, y de hecho, donde podremos obtener los mejores resultados de nuestra intervención.

La labor de asesoramiento posee, además, un aliciente sentimental que nos aproxima a nuestros propios maestros y a la enseñanza más amplia de los saberes de la vida y que no siempre se encuentran en los libros. La madre, el padre, abuelos y tutores intentarán ayudar al estudiante con aquellos consejos que les fueron útiles, y no sólo en sus estudios, sino también en su trayectoria personal: tomar las dificultades poco a poco, controlar las emociones, etc. Pero, si estos consejos son insustituibles en nuestro papel de tutores, no siempre disponemos de toda la información necesaria para enfrentarnos al cambiante mundo de los jóvenes, la educación y el trabajo de nuestros días:

Quiere esto decir que más allá de la buena voluntad debe responderse a la demanda o necesidades por las que surge el problema, en un ámbito en el que las mejoras y conquistas no son siempre inmediatamente comprobables. A veces, los resultados de una buena educación, apoyo en el estudio y asesoramiento de una madre o de un profesor, por ejemplo, no se realizan hasta después de pasados muchos años, tal vez cuando la persona adulta toma decisiones trascendentes para su vida y la de sus propios hijos.

Por todo ello, y por la creencia en que muchos problemas de aprendizaje y profesionalización derivan de la falta de información sobre las mejores formas de abordar ambos procesos, se ha realizado este trabajo que aquí presentamos. En la consecución de esta tarea debemos destacar el convencimiento de que el interés por el estudio y la vocación, parten del entorno social de los individuos y su ambiente, lo que nos ha conducido a considerar dos pilares fundamentales como estrategias de aprendizaje y toma de decisiones en relación con la vocación para padres y educadores: el de poder contar con una información veraz y eficaz, y el de la motivación que parte de un entorno estimulante.

1

El planteamiento del problema

Objetivo del capítulo: **comprender la naturaleza de las dificultades escolares, conocer las causas de las mismas, y las soluciones y actitudes que deben adoptarse.**

1.1. Qué es el fracaso escolar y qué hacer ante un suspenso

De forma general se considera que se produce «fracaso escolar» cuando el alumno, a pesar de tener suficiente capacidad, rinde por debajo de sus posibilidades.

Conviene saber, sin embargo, que los profesionales de la educación consideran más adecuada la acepción «dificultades escolares», que la determinista y peyorativa de «fracaso escolar», y que comprende no sólo el hecho de que las calificaciones no sean satisfactorias, sino también otros factores, como pueden ser las conductas antisociales o destructivas, la falta de concentración, atención, motivación o la inadaptación. Dichas dificultades no se hallan siempre relacionadas con las malas notas, en ocasiones algunos alumnos tienen serios problemas para obtener unas notas normales, pero éstas no se corresponden con sus muchos esfuerzos.

Por tanto, para valorar el rendimiento de un alumno es necesario tener en cuenta no sólo sus calificaciones académicas, sino también su comportamiento en clase, su capacidad, predisposición al aprendizaje y el esfuerzo que haya realizado.

Con todo, en fechas próximas a las vacaciones llegan las calificaciones escolares, y la frustración de las expectativas familiares son, más allá de otras consideraciones, fuente de preocupación y conflictos que afectarán a generaciones de padres y estudiantes.

Es en este momento en el que suele ponerse de manifiesto que algo falla en la educación de nuestros hijos, pero lo único de lo que disponemos de forma inmediata son los reproches, el abatimiento, los gritos, el castigo y el sacrificio de cambiar a última hora el programa de vacaciones para que el joven pueda recuperar las asignaturas suspendidas.

¿Estamos haciendo lo correcto?

La respuesta es No.

Los gritos, los bofetones, los castigos, los reproches del tipo «¡Fíjate en tu hermano!», «Eres un vago», «¿Por qué no aprendes de tus primos con todo matrículas de honor?», «¿Pero qué estamos haciendo mal?...», pedagógicamente no sólo no sirven de nada, sino que además pujan en contra del autoconcepto del chico o la chica, aumentan su desazón y aversión hacia el estudio, haciendo pasar a toda la familia unos malos momentos que, francamente, no suelen servir de nada.

La interpretación que hará el joven de esta situación será que ha fallado a sus padres y que está perdiendo su cariño, lo que le hará desgraciado, pensando únicamente en el final de la escena para buscar actividades más gratificantes, desviando de nuevo su atención del verdadero objetivo que es una mayor atención a los estudios. El análisis final del estudiante será: «más vale muchos momentos agradables a cambio de uno desagradable (el del día de recepción de las calificaciones)».

Los niños y los jóvenes más sensibles, si sus padres expresan una decepción excesiva frente a las calificaciones, comenzarán a ver menguada su autoestima tan frágil en estos momentos de formación de la personalidad, a tener miedo al fracaso y por ende a los estudios, evadiendo su pensamiento hacía terrenos en los que pueda disfrutar de una mayor confianza (los libros de aventuras, los mundos de fantasía, los juegos o el deporte, por ejemplo).

Para reprimir esos impulsos naturales hacia el reproche y el castigo tras la llegada de la hoja de calificaciones, debe tenerse siempre presente que las notas no son el problema, sino más bien el síntoma de una problemática que puede ser muy diferente en cada caso.

Para ello, la mejor forma de averiguar el origen del problema es hablar con el propio estudiante, pero no en el momento de recibir el boletín de notas y a punto de coger las vacaciones.

A lo largo del curso la relación con los estudiantes debe permitirnos identificar según su evolución, pero sobre todo por nuestra comunicación con ellos, si su problema es de comprensión, atención, interés, de relación con los profesores, de relación con sus compañeros, o bien otro tipo de problemas de aprendizaje que se describirán en unidades posteriores. Es fundamental mantener una comunicación permanente y fluida con los jóvenes y no tan sólo sobre los temas que conciernen al estudio.

Aun así, y a pesar de todos los esfuerzos de los padres y tutores, no siempre obtendremos la suficiente información, en especial cuando nuestros hijos intentan no entristecernos, piensan que el relato de sus problemas puede socavar nuestra confianza o nuestra idea sobre ellos o sencillamente les resulta inaceptable para su autoestima. De este modo, en muchas ocasiones problemas como el acoso en la escuela (por parte de los compañeros, algún profesor o los típicos «pandilleros») se han mantenido durante años, sin que padres ni profesores, pudieran hacer nada. Y lo que es peor aún, con repercusiones más o menos importantes para el equilibrio psíquico del joven.

Por otra parte, las malas calificaciones pueden ser no sólo una inoportunidad, sino más bien un aviso de valor inestimable sobre el sufrimiento de nuestros hijos, o sobre la necesidad de empezar a actuar en algún sentido.

El denominado «fracaso escolar» tiene también unos atributos particulares muy en relación con los grupos de pertenencia de los estudiantes. Todas las situaciones, todos los padres y todos los alumnos no son iguales. Así existen familias en las que todo lo que no sean notables y sobresalientes se considera un fracaso. Tampoco es lo mismo para todos los padres o alumnos, suspender alguna asignatura, suspender las más difíciles, o simplemente empeorar en todas las calificaciones. La vivencia de cada una de estas posibilidades es también relevante a la hora de tomar decisiones por parte del profesorado, que podrán incluso aconsejar a la familia y motivar en el alumno/a un mayor grado de exigencia.

En el caso extremo existen familias que han decidido que los estudios son un mero trámite para el empleo, consistente en la simple memorización de conceptos que se olvidarán o que habrán de quedar obsoletos. Lo que además de no ser cierto, elude su propia responsabilidad y la de los estudiantes, y perjudica su desarrollo, la aceptación de normas de convivencia y su adecuación a la vida adulta. Este tipo de familias presionarán a los profesores para que modifiquen las notas y no censurarán suficientemente la utilización de artimañas ilícitas, como «las chuletas» en los exámenes», mientras los resultados sean los esperados. Por otra parte, la lección del «no todo vale» de la que el alumno se libra en la escuela, la recibirá de forma más traumática más adelante, ya sea en el mercado de trabajo, en el mundo laboral, o frente a las contrariedades de la vida.

Tampoco todos los resultados pueden interpretarse del mismo modo. Mientras suspender alguna asignatura no manifiesta más que un hecho natural en la vida del estudiante, en ocasiones fruto de una falta de interés por la materia y en otras debido a una mayor dificultad de ésta o a problemas con el profesor, bajar de forma considerable en las calificaciones y/o suspender la mayoría de asignaturas, son hechos que deben llamar nuestra atención porque puede significar que nuestros hijos quieran decirnos algo (que hemos dejado de atenderles lo suficiente por la llegada de un nuevo hermano, problemas en la familia, separación conyugal, falta de adaptación en el centro escolar, negativa a seguir estudiando, etc.). Es decir, que algo está fallando bien en el hogar, bien en la escuela.

La recuperación en el periodo estival se enfocará también de forma diferente si sólo necesita un repaso, o por el contrario un estudio completo de las asignaturas más importantes del curso. En esta tarea serán de gran ayuda los libros de «recuperación» o refuerzo para el verano, de venta en librerías, un buen profesor particular o academia, pero sobre todo, interesarse por ellos y ayudarles a organizar un plan de trabajo realista. Estudiar con los chicos aprovechando las vacaciones haciéndoles ver la utilidad de los conocimientos y que cualquier obstáculo es superable con paciencia, reforzando el entusiasmo frente al logro, sería lo más adecuado. Esto podría también sustituirse por medio de un nuevo profesor y/o grupo de estudio en un entorno más estimulante, como por ejemplo, en viajes de estudios para el aprendizaje del idioma.

> No deben confundirse los esfuerzos con los resultados.

Si con un premio se pretende que el joven continúe en esa línea de trabajo, éste deberá hacerse realidad tanto si las últimas calificaciones han sido buenas como normales. Si el resultado final ha sido malo por dificultades con los exámenes pero el estudiante se ha esforzado, hay que estimularle positivamente, pero además animarle para que no decaiga en su interés (el éxito es de los que lo intentan) aplicar los consejos de «cómo salvar los exámenes» (capítulo 5) y apoyarle confiando en que los pasará con un buen repaso unas semanas antes de la recuperación.

Como ha quedado dicho, los castigos del tipo perder sus vacaciones, la indiferencia, o cualquier otro método, son pedagógicamente ineficaces. Con el castigo no se ayuda al estudiante a superar sus problemas, por el contrario se genera en él una verdadera aversión hacia el origen de sus disgustos y de los de sus padres. Además puede cursar en detrimento de la comunicación entre los padres y los hijos. De nuevo debe hacerse hincapié en premiar los esfuerzos, no en castigar resultados. Si la mente del joven se acostumbra a ir asociando conocimiento y esfuerzo con reconocimiento, conocimiento con placer de saber, facilidades en la vida y recompensa, estudiará cada vez más; si por el contrario el estudio se asocia con el fin de sus ilusiones, querrá evadirse y abandonar cuanto antes todo aquello que es el origen de sus angustias. Aún más, una vez que el estudio se convierte en un objeto fóbico, la intervención se hará más complicada.

En el caso de los niños, el castigo y la comparación nunca son interpretados como fruto de la falta de esfuerzo, sino más bien como el fin del aprecio de sus padres y la infelicidad que supone la pérdida del afecto y del reconocimiento. Asimismo, un reflejo del lugar que él ocupa en su pequeña sociedad. Esta situación que puede llegar a resultar intolerable para su «ego», puede llevar a los adolescentes a la decisión de centrar su interés en otros asuntos más edificantes para su realidad inmediata, incluso a dejar de estudiar a pesar de que esto signifique desempeñar trabajos poco amables durante toda su vida. De este modo consiguen entrar, sentirse en ese mundo adulto que su familia les niega al tratarles como «niños» con sus reproches, y esta opción puede llevar a caminos muy diferentes, como al trabajo precario, pero también a otros comportamientos, como el excesivo interés por su físico, la moda, la experiencia del alcohol, el tabaco y otras sustancias, o de la sexualidad o la maternidad temprana.

Comprobar, sin embargo, la relación existente entre dificultades escolares y otras problemáticas juveniles, no debe llevarnos al pesimismo, sino por el contrario, a la constatación de dos realidades. Por un lado, que en un sentido inverso la focalización del interés de los jóvenes en la vocación y en el estudio previene este tipo de problemas. Del otro, que el trabajo que estamos y pretendemos hacer con nuestros hijos y alumnos tiene una gran relevancia.

El reconocimiento del problema no siempre es sencillo, ya que puede deberse a problemas manifiestos, pero también a otros latentes relacionados con la hostilidad ambiental, la soledad, la falta de identificación con el grupo, etc.

> Una vez reconocido el problema debe pasarse a la negociación con el estudiante.

Toda negociación entraña dos fases que deben ser siempre tenidas en cuenta, una primera consistente no sólo en escucharse ambas partes, sino sobre todo en poner todos los medios para que los «unos» comprendan a los otros. Una segunda fase consistente en enumerar de forma clara cuáles serán las medidas conjuntas a tomar y sobre las que deberán ocuparse todas las partes para responsabilizarse de la mejora (el estudiante, los profesores, los miembros de toda la familia).

Si se considera que realmente se esfuerza pero no obtiene los resultados merecidos, tal vez necesite clases de apoyo, que se le enseñe a leer, a planificar el estudio, su autoconfianza, incluso su memoria (por medio de las técnicas oportunas). Para todo ello se obtendrá una información valiosa en los siguientes capítulos.

Si se comprende que el único problema es que no ha trabajado suficientemente, que es lo más probable, ha de intentarse que el estudiante quede comprometido, pero también motivado para mejorar, a buscar un aliciente, una relación de las asignaturas con sus intereses, un refuerzo o compensación a cada progreso diario. Podremos plantear con él un plan para dedicar más tiempo al estudio si es muy joven, pero en el caso de los adolescentes y jóvenes, animarles a la búsqueda de la planificación del esfuerzo-compensación por sí mismos.

El «refuerzo» o «premio» a las metas conseguidas puede ser desde un dulce tras una larga sesión de estudio, hasta ver su serie preferida una vez conseguidos los objetivos diarios, o el disfrute de un deporte o hobby. Este tipo de «refuerzos» utilizados por todos los padres, no tiene más sentido que el de ser una primera excusa para que el alumno se vaya introduciendo en los estudios, pasando más adelante a que el principal «refuerzo» sea la satisfacción de conocer, de manejar los conocimientos en las conversaciones, los viajes en familia o mientras los debates frente al televisor.

También puede ayudársele a despertar interés por las asignaturas con actividades lúdicas (películas, museos, viajes, lecturas, etc.) en las que descubra la funcionalidad de las distintas materias. Es de vital importancia que los jóvenes no vean en el estudio algo lejano de su realidad cotidiana y de sus intereses inmediatos, sino por el contrario que disfruten de la relación entre ambos, ayudándoles a encontrar la utilidad de cada materia.

Si por ejemplo su falta de interés se centra en la historia, se le pueden regalar películas, lecturas o visitas con los escenarios que posteriormente deberá memorizar; practicar el manejo de lo aprendido en los estudios sobre unas ruinas, una ciudad o una película. Que comprenda la verdadera emoción del conocimiento, pasando de lo sorprendente y anecdótico al conocimiento sistemático.

Si sus intereses se encuentran muy alejados del estudio, podemos intentar mostrarles otras posibilidades más divertidas de estudiar, como los juegos didácticos de mesa como el Trivial o de ordenador, Internet, viajes de estudios, el estudio en grupo...

Si se sospecha que existen dificultades en el aprendizaje, tal vez sea el momento de visitar a un especialista que descarte problemas como la dislexia, la disgrafia, etc. (ver unidad sobre las dificultades del aprendizaje).

Debemos ante todo ser honestos con nosotros mismos. En la infancia, adolescencia y juventud, es cuando más activo se encuentra, como parece razonable, el interés por el descubrimiento del mundo circundante, de los sentimientos y las emociones, también de los placeres. La concentración en los textos excesivamente teóricos, en abstracciones que se alejan de la experiencia cotidiana no son en sí estimulantes, incluso ni como medio para un fin (el éxito académico y/o social). Debería ser obligación de los agentes encargados de la educación (sistema educativo, familia, profesorado) la facilitación de estrategias, métodos y medios para la motivación y el estímulo en el aprendizaje. Ahora bien, esto no siempre es posible, ni sencillo.

Son muy largos los años de estudio que separan el niño de hoy de sus sueños de un mañana, y esto en la adolescencia se traduce en muchas ocasiones para la disidencia en los objetivos, en la búsqueda del placer inmediato antes que del deber hacer. Es por ello de vital importancia que el estudio se convierta en un placer más, y en esta labor los padres y tutores tienen mucho que decir. Si su hijo suspende el idioma, póngase usted a aprender un segundo o tercer idioma, entusiásmese con el placer de entender las películas o los libros no traducidos, en visitar o dejar que nos visiten personas con esa lengua. Un viejo dicho afirma que el alumno oye y olvida, ve y recuerda, hace y aprende.

Si las dificultades se encuentran en el área de lenguaje, escritura y vocabulario, compita con sus hijos con los juegos de letras del periódico, con los juegos de mesa, con el ordenador, haciéndoles preguntas. Si quiere que ellos le crean en sus argumentos sobre lo maravilloso y necesario que es aprender, comience por creerlo y demostrarlo usted primero. ¡Aprenda haciendo!

Conviene conocer que juegos populares como el Trivial son de utilidad a partir de los trece años, pueden jugar de 2 a 36 personas, desarrollan la retentiva, la atención, los conocimientos de cultura general, el trabajo en equipo. También existe un Trivial para jóvenes jugadores y que sirve para niños y niñas a partir de los siete años. Hotel a partir de los ocho años es un juego que favorece las habilidades numéricas, la atención, el trabajo en equipo y para la administración.

Risk es un juego aconsejable desde los diez años, para dos o más jugadores, que fomenta la atención, el desarrollo de la inteligencia entendida como capacidad para la estrategia y los conocimientos de geografía. Otros juegos populares como Scattergories en su versión de jóvenes a partir de los doce años y niños, a partir de los ocho años, o Tabu, consistente en adivinar palabras (a partir de los ocho años en su versión junior), que admiten de dos o cuatro a seis jugadores, favorecen los reflejos, la expresividad, la capacidad verbal y el vocabulario.

Como bien conocen los padres y madres de todas las épocas cuando regalan juegos de construcción a sus hijos e hijas, éstos desarrollan sus habilidades manuales, su inteligencia espacial y la creatividad. Otros juegos tradicionales como el ajedrez y las damas, cultivan la atención, la estrategia, la concentración, la capacidad espacial y la inteligencia general. Los crucigramas inciden sobre la capacidad verbal y la atención, mientras los deportes favorecen las habilidades sociales (trabajo en equipo, adaptabilidad, liderazgo, negociación, etc.), la capacidad psicomotriz y la atención, entre otros aspectos específicos de cada uno de éstos.

No posponga nunca el reto de aprender, no lo convierta en problema, donde hay una duda está de inmediato la enciclopedia, Internet o la biblioteca más próxima. Donde está la apatía frente al estudio
está el entusiasmo presente, no el «estudia para que mañana...».

Es bien sabido que son los niños superdotados los que antes suelen
encontrar el aburrimiento y la desidia en las aulas; no es tampoco extraño que los jóvenes graduados con las mejores calificaciones sean los
que, en ocasiones, mayores contratiempos encuentran a la hora de sortear las dificultades del mercado de trabajo y conseguir empleo. Demasiado tiempo de estudio puede limitar el tiempo dedicado a relacionarse, a desarrollar diferentes habilidades sociales. Más importante que
tener hijos sobresalientes es tenerlos felices, adaptados, personas buenas y sociables. Por ende, no pocos estudios han demostrado la estrecha
relación entre adaptación y buen rendimiento escolar. Debemos, por
tanto, favorecer las relaciones sociales del niño/a. No se debe dramati-
zar, asociar los problemas escolares con desobediencia, rebeldía, conducta que haga al joven interpretar como un hecho la asunción de su
papel «disidente». En ese caso estaríamos construyendo un nuevo y
gran problema, en donde, en principio, sólo había uno, y leve.

En resumen, el momento de obtención de los resultados académicos
no es el más conveniente para tomar decisiones o hacer categorizaciones
drásticas. Sí se debe, por el contrario, desdramatizar (pues el joven es-
tará suficientemente asustado), averiguar si el niño o adolescente piensa
que son acertadas, desplegar juntos con optimismo y complicidad un
plan para «burlar» la dificultad, y sobre todo para que el estudiante
aprecie la relación entre la aplicación del esfuerzo y la estrategia con los
resultados, no culpabilizando a los profesores, los compañeros o su propia naturaleza.

El objetivo consiste en ayudar al niño a valorar su propio comportamiento y a que decida si las calificaciones obtenidas son las que merecía,
valorando más la pauta evolutiva que siguen las calificaciones con respecto a las anteriores, que unos resultados concretos.

1.2. La relación de ayuda

De forma tradicional, pero también desde la teoría de la educación, los enfoques sobre cómo debería ser la relación de ayuda al estudio han girado unas en torno al paternalismo y otras, por el contrario, en el «dejar hacer dejar pasar». Sin embargo, ninguna de ellas ha demostrado ser suficientemente eficaz cuando de modificar la conducta se trata. En este caso es más importante, como nos dicta el sentido común, pero también especialistas como la doctora Gordillo (95:119), facilitar la toma de decisiones y hacer éstas lo más informadas posible[1].

Es por ello que la relación de ayuda debe fundamentarse, no tanto en solucionar nosotros mismos los problemas de nuestros hijos y alumnos, como en procurar que sea el propio estudiante el que descubra las soluciones oportunas, desarrollando de este modo la responsabilidad, pero también su madurez e independencia.

El descubrimiento individual será la mejor senda para el aprendizaje de conductas duraderas, ya que nada se aprende mejor que lo que se asienta sobre los cimientos del propio saber y se alcanza, asimismo, por iniciativa propia.

Las teorías sobre la relación de ayuda que se han centrado demasiado en la idea de que el propio interesado se comprenda a sí mismo (métodos no directivos, psicoanálisis), han sido criticadas (por ejemplo por los teóricos *conductistas*) por no atender a un comportamiento objetivo y medible sobre el cambio de conducta. Pues bien, un equilibrio entre ambos enfoques, el del autoconocimiento para el aprendizaje y la vocación y el del cambio de conductas, parece dispensarnos las mejores herramientas para el asesoramiento y la intervención.

Quiere todo ello decir que no es fácil, ni existe un camino único para ayudar a encontrar a cada joven el camino ideal para que haga el mejor uso de su potencial y aptitudes personales.

A lo largo de este manual se realiza una propuesta firme, y es que, con autoconocimiento, buenas técnicas de estudio y la información idónea, el

1. Gordillo, V., «Relaciones de ayuda en la conducta vocacional», en *Manual de Asesoramiento y Orientación Vocacional*, Síntesis, 1995.

aprendizaje y la vocación serán dos fuerzas que tenderán a retroalimentarse mutuamente. Es decir, el fomento de la vocación puede conseguir que los procesos de aprendizaje sean más agradables. La idea es que, actuando de este modo y utilizando determinados programas que favorezcan la satisfacción en el aprendizaje, conseguiremos la intervención en el fracaso escolar y vocacional, cuando no la prevención de los mismos.

Este tipo de programas pueden concretarse en cuatro medidas activas:

– *Aprender enseñando.* Sobre este principio se han basado muchos programas de terapia grupal y cambio de conducta. Nunca se aprende más que cuando se comienza a impartir las primeras clases. Los más jóvenes también pueden descubrir que su aprendizaje es potenciado en el momento que deben ayudar o intentar enseñar a compañeros con un nivel de conocimientos inferior. Por ejemplo, es sabido que grandes intelectuales y músicos tuvieron que costearse sus estudios con las clases particulares a alumnos de cursos inferiores. Puede ser oportuno potenciar el estudio en grupo, con un tutor si es preciso, la ayuda de los estudiantes a los hermanos o amigos más jóvenes, responsabilizarles del aprendizaje de otros, para que adquieran un pensamiento crítico ante su propia desidia.
Decía Séneca: «La mejor forma de esclarecer las ideas es explicárselas a otros».

– *Formación en habilidades más simples y concretas.* Por ejemplo, la formación en la resolución de problemas matemáticos sencillos es de suma utilidad para los alumnos que, de otro modo, nunca superarían asignaturas como estadística o psicometría. Del mismo modo que cursillos estimulantes de redacción pueden traducirse en una elevación inmediata de las calificaciones de sus trabajos escritos.
Es corriente que jóvenes que quedaron separados del sistema educativo y de sus compañeros de estudios por haber fallado en sus exámenes, recuperen su confianza aprobando con facilidad el carné de conducir, estudios de idiomas, formación en el puesto de trabajo o de otras habilidades concretas, y que les permiten desarrollar una carrera profesional satisfactoria, incluso comenzar de nuevo estudios o carreras más estructuradas con éxito notable.
El fracaso escolar es en muchas ocasiones una muestra de intereses diferentes a los estudios de secundaria, o de una inquietud exacerbada por aficiones (como la música, el deporte, la literatura...), que impiden al estudiante concentrarse en las materias, pero que no de-

notan ninguna incapacidad concreta. El paso pormenorizado desde lo más simple a lo complejo, de lo más concreto a lo abstracto, puede ayudar a este tipo de alumnos a mantener la atención y dominar las asignaturas más complejas.

- *Aprender a aprender.* Muchas veces el fracaso escolar no es tanto el resultado de una falta de esfuerzo, como de carencias en el aprendizaje. Al niño no se le ha enseñado cómo se estudia, ni hemos reparado en cuáles son los mecanismos en los que debemos basar dicho proceso: técnicas, hábitos, estrategias.

- *Cambios en el ambiente del alumno.* Es decir procurando una modificación del entorno con el que más frecuentemente el estudiante interacciona. Estudiar, progresar en la adquisición de competencias profesionales tiene que resultar estimulante en el ámbito «microsocial» en el que el estudiante se mueve, la familia, el grupo de juego, los compañeros.

La prevención en este sentido es importante realizarla antes de la propia elección de sus compañeros de juego. Quiere esto decir que cuidar el entorno próximo del niño o la niña, para que éste sea el más apropiado para el estudio y la preparación para la vida adulta, es una labor de principio, de lo que éste ve, más que de lo que se le dice. Un joven que observa como sus padres respetan el trabajo de los profesores, aman los libros, disfrutan de la lectura, de la consecución de objetivos vocacionales, de cursos de formación, del cine como experiencia crítica, de los viajes con los ojos y la sed de conocimiento bien alertas; en definitiva, que disfrutan de la experiencia del conocimiento, no vivirá como una tortura la necesidad de formarse, de aprender. Si por el contrario los padres no lo hacemos, si todavía no vivimos con la suficiente sed de aprender, respeto a los profesores y al proceso educativo, al tiempo que con intensidad y espíritu crítico los estímulos culturales que depara nuestro entorno, si preferimos las actividades de ocio pasivo, antes que las activas o creativas, tal vez el deseo de que nuestros hijos sean personas de éxito, pero antes que todo, felices, nos moverá a un programa de cambio de conducta también para nosotros. No pensemos que para aprobar ciencias sociales debemos hablar sólo de esa materia a nuestros hijos y los días anteriores a los exámenes, ya que en la curiosidad, en la relación entre las diferentes disciplinas está en buena medida el placer de conocer. Y cómo decía Hipócrates: «Quien sólo sabe de lo suyo, ni de lo suyo sabe».

A modo de resumen puede decirse que no es suficiente pensar que la respuesta se encuentra dentro del propio interesado, sino que, por el contrario, depende también y en gran medida de la interacción con el ambiente, de modo que para obtener un cambio de conducta será también importante procurar unas modificaciones concretas en el entorno social del niño, joven o adolescente.

1.3. Principales causas de las dificultades escolares

Las dificultades escolares tienen una explicación multicausal. Entre las diversas razones que pueden ocasionarlas, deben diferenciarse las referentes al propio individuo, a la familia y su entorno, y por otra parte, las que se relacionan con el ámbito educativo (profesores, colegios, métodos didácticos, ambiente de juego, etc.), pero también existen otras relacionadas con pautas de conducta y aspectos sociales más generales.

Así por ejemplo, programaciones televisivas para jóvenes buscadas por éstos hasta altas horas de la noche, o determinadas costumbres juveniles como ingerir excesivas cantidades de alcohol los fines de semana, pueden incidir en el rendimiento, la atención y los resultados académicos.

Frente al fracaso escolar, deberá también comprobarse que no haya existido un abandono pedagógico acusado, tanto por parte de los profesores, como de sus padres o tutores.

A continuación deberán descartarse anomalías orgánicas: trastornos sensoriales severos, trastornos neurológicos o psicológicos. De forma general, y siguiendo al profesor Tierno (96), conviene tener en cuenta que el fracaso escolar aparecido en los primeros años de escolarización suele ir asociado a dificultades madurativas del sistema nervioso, y que aquel que aparece tras un rendimiento normal en los primeros años de escolaridad, suele por el contrario estar más asociado a problemas emocionales.

En cualquiera de las situaciones se impone además escuchar la opinión de los profesores. Ellos nos ayudarán a conocer con mayor claridad dónde falla el niño, pero también las perspectivas que para él han albergado (mejorará sólo con un repaso, estudiando más, poniendo más atención en clase, solventando vicios en la escritura, la lectura, su forma de aprendizaje, etc.). Será de interés saber si consideran que es inteligente pero vago, si se distrae en clase por cualquier cosa, si tiene problemas de comprensión con determinadas materias, si arrastra deficiencias y «lagunas» de cursos anteriores, si han observado que está especialmente triste o inquieto, si suele granjearse la enemistad de los profesores con sus travesuras, etc.

En el caso de los universitarios, serán ellos mismos quienes deben hablar con el profesorado, en ningún caso su familia u otra persona, que además de no ser costumbre, puede denotar falta de madurez del estudiante o excesivo proteccionismo por parte de su familia.

Es importante, sobre todo si los hijos ya son mayores, o si son ellos mismos –en el caso de los universitarios– los que deben hablar con el profesor–, tomar una actitud positiva y corresponsabilizar a los profesores en el progreso de los hijos, convencerles de que con esfuerzo ellos son tan capaces como los demás, siempre que puedan seguir contando con la ayuda de los profesores para salvar los obstáculos. Y es que, a edades tempranas, los suspensos pueden también estar cuestionando el papel del formador a la hora de motivar e integrar al alumno.

Nunca deben tomarse en serio las descalificaciones deterministas que ponen el énfasis en las limitaciones y comparaciones de los estudiantes (es el más travieso, no puede parar, es torpe, no está a la altura del curso, etc.) y no en las actitudes (no se esfuerza, le cuesta mantener la atención, pone el interés en otros temas, etc.); sobre estas últimas podrán trabajar los padres y educadores. No conviene olvidar que un alumno inoportuno y malintencionado con un profesor puede ser un alumno ejemplar con otro que sabe tratarle y conectar con sus inquietudes.

Tampoco deberán evadirse responsabilidades, tanto de los padres, como la que por supuesto recae sobre el estudiante. Y es que en nuestros días, en muchas ocasiones, el peso de la evaluación es asumida con mayor dureza sobre los formadores que sobre los propios alumnos indiferentes. Si bien nunca es tarde para que los centros se doten de todas las posibilidades que la moderna pedagogía ofrece a los educadores para captar la atención, la motivación y el interés de los estudiantes. Cargar la culpabilidad sobre los profesores, tanto por parte de los centros, como de los alumnos y sus familias, puede llevar al docente, frente al temor a las represalias, a un desinterés por el aprendizaje de sus alumnos y a una elevación injustificada de las calificaciones.

Desde la hegemonía del profesor en tiempos pasados y culpabilización de los alumnos, hasta la actualidad, en la que se responsabiliza al docente del fracaso del proceso de aprendizaje, existe un término medio, en el que como siempre se encuentra la virtud, en este caso repartiendo esfuerzos y responsabilidades entre ambas partes. La herramienta más eficaz en esta tarea resulta ser los métodos de *enseñanza activa*, basados en la *dinámica de grupo* y en *técnicas* que favorecen la interacción, participación e integración de todos los miembros del aula.

De cualquier modo, lo importante es no centrar todo el interés de los educadores en la evaluación y no en el aprendizaje; en el fin de pasar a cualquier precio y no en las verdaderas causas de las dificultades de nuestros hijos, por dolorosas que pueda parecernos escucharlas. Es decir, en el aprendizaje para la profesión, pero también para la vida y para el esfuerzo. En este sentido es importante hacer notar que el primer paso para que los estudiantes respeten y aprecien la actividad de aprender es que sus mayores también lo hagan.

Otra razón muy común en los estudiantes con dificultades en los estudios es el propio miedo al fracaso. Para perder dicho temor es necesario conceder a los estudios y los exámenes el valor justo que poseen como parte del proceso educativo y no más. En ocasiones, despojando de tanto valor al «éxito», y en otras sencillamente «enseñando a fracasar». Dicho de otro modo, no existe mejor enseñanza que los padres podamos aportar a nuestros hijos que la de saber enfrentarse a la frustración, a los reveses de la vida, sin demasiados traumas, sin que ello tenga por qué afectar a su confianza y autoestima, y sí en cambio el no ser capaz de volver a intentarlo.

Todo lo anterior no pasa de ser una mera introducción a las dificultades en el estudio que no pretende más que enfatizar sobre la importancia de entender cuál es la verdadera cuestión a la que nos enfrentamos, y que en ningún modo puede quedar reducida al boletín de notas, sino que se encuentra en estrecha relación con aspectos tan importantes como el afrontamiento y la formación del carácter.

1.4. Estrategias para superar las dificultades escolares

En primer lugar, el diálogo entre profesores y alumnos es un buen remedio para prevenir o mitigar las dificultades escolares. Será obligación del profesor, y pueden ayudar a ello padres y tutores, facilitar al alumno toda la información para que éste conozca sus puntos débiles y cómo mejorar. Así como que el alumno pueda emitir su propia opinión sobre las dificultades que encuentra para seguir las explicaciones y actividades de cada asignatura.

En esta labor, tanto el diálogo por parte de los padres como de los profesores debe contribuir, como ya ha quedado dicho, a que el alumno vaya comprendiendo que el éxito o el fracaso se relacionan directamente con el esfuerzo, y que sólo a través de él se puede incidir para conseguir los fines perseguidos. Este diálogo debe servir para ayudar al joven a fortalecer su voluntad, mejorar las técnicas de estudio y comprender que el trabajo, y no la suerte, son los verdaderos agentes que actúan sobre los resultados. Ya que es frecuente que los padres incurramos en la contradicción de procurar a nuestros hijos todas las facilidades al tiempo que les tachamos de «vagos». El entrenamiento para el esfuerzo es en la mayor parte de los casos de fracaso escolar la asignatura pendiente.

> Es importante alejar a los niños de la idea del estudio como un juego de azar, sobre todo aquellos más inteligentes que tan sólo con su asistencia a clase pueden cosechar notas aceptables, y que viven los aciertos en los exámenes como un pulso con la suerte. Se debe, por el contrario, acercar al niño a la idea del estudio como juego de habilidad.

El alumno a su vez deberá conocer e intentar ajustarse a las expectativas del profesor sobre el nivel de contenidos y habilidades que espera de sus alumnos, ya que aquellos que mejor entiendan lo que exige el profesor para superar los exámenes, cuáles son los aspectos que considera más importantes de la materia, obtendrán mejores resultados. Algunos profesores, independientemente de la materia a impartir, dan prioridad a la expresión escrita (fluidez, ortografía, etc.), otros al dominio de los temas que consideran esenciales en su materia (la Reconquista, la Generación del 98, etc.). Realizar esta pregunta al profesor (qué considera más importante para superar su asignatura), si es que no ha quedado suficientemente claro en sus explicaciones, es un paso importante para no ocupar el tiempo en asuntos poco importantes de la materia.

En muchos casos el origen de las dificultades escolares se encuentra en que el alumno nunca ha estudiado de veras, ha ido superando cursos, pero no conoce el método y la satisfacción de aprender a través de las metas conseguidas. Conviene ayudarle en estos casos, comenzando por las asignaturas que más le gusten o por las más fáciles, emprendiendo el estudio por partes, poco a poco.

No obstante, como norma general, no convendría posponer las asignaturas que encierran mayor dificultad. Sino por el contrario, establecer un plan diario y paulatino para acometerlas, dedicándoles siempre mayor tiempo y atención.

Otra estrategia es leer las lecciones el día anterior a que el profesor las trate en clase (de esta forma despertarán más interés los contenidos que ella o él mismo irá descubriendo en el momento de la lectura concentrada), que le permitirá durante la clase preguntar por las dudas o lagunas de conocimientos, repasar apenas sin esfuerzo (lo que incrementa la retención), aprender sobre la base de lo que ya se conoce y tomar una actitud más participativa y responsable en el aula. Así se dosifica el esfuerzo, incrementa la autonomía y se introducen rutinas de trabajo muy útiles para la elaboración de su sentido de la responsabilidad. Todas éstas, facetas que caracterizan el verdadero aprendizaje y a los estudiantes de éxito.

En esta línea de los secretos del estudio, ampliamente estudiados por la moderna pedagogía, conviene señalar la importancia de conocer cuál es el *modo de aprendizaje* de cada individuo. Algunos aprendemos mejor a través de nuestra memoria visual, otros con la acústica, etc. Modos todos ellos que serán abordados más adelante, y que juegan un papel fundamental en la tarea de aprender a aprender.

Ejercicios

Leer dos veces el siguiente texto y volver a copiar (sin mirar el original) lo que haya retenido. Podrá con ello autoevaluar la memoria visual.

«El último eclipse total de Sol del milenio apagó ayer la estrella por completo durante unos dos minutos en una franja de 14.000 kilómetros de largo entre el Atlántico norte y el golfo de Bengala. Millones de personas en Europa y Asia tuvieron la oportunidad de ser testigos oculares del fenómeno». (Jueves 12 de agosto de 1999, *El País,* pág. 30.)

Leer atentamente en voz alta (o mejor hágaselo leer a otra persona) por dos veces el párrafo siguiente, y luego proceda a escribirlo en el siguiente espacio. Podrá evaluar la memoria auditiva.

«De lo que pasa por el mundo:
El que apacible y serena
Busca sencilla la vida,
¿Habrá cosa que le impida
Hallarla dichosa y buena?
Mas sintiendo la inquietud
De alguna grande pasión
Peligra en el corazón
La ventura y la virtud.
No olvides nunca, hijo mío,
Que es difícil, te lo juro,
Ser como el arroyo puro
Y ser grande como el río.»

CONCEPCIÓN ARENAL (*Fábulas*, II)

Cada persona tiene también su ritmo de aprender, que no es por igual para todas las materias. La inteligencia no es una medida única y estable, existen inteligencias múltiples y cada niño posee una capacidad diferente de aprender y enfrentarse a problemas de naturaleza diversa (espaciales, matemáticos, lógicos o lingüísticos), de un modo más o menos favorable. Nosotros podemos facilitar el ritmo de aprendizaje y el desarrollo de la inteligencia enriqueciendo las diferentes facetas de su vida, pero no debemos angustiarnos por que nuestro hijo no alcance el nivel académico deseado.

El planteamiento de los estudios como de una carrera competitiva y del triunfo sobre los demás, antes que el triunfo sobre las propias carencias, no favorecen el aprendizaje y el desarrollo personal. Muy al contrario pueden generar angustia y más miedo al fracaso, frente a la que el alumno puede decidir fracasar sin paliativos, para evitar la ansiedad que supone la competición intensa. Si uno o ambos progenitores tiene un interés desmesurado en que su hijo sea un triunfador, pensando que es la mejor disposición que puede propiciar en los jóvenes, conviene invertir esa actitud por la de un «luchador», o sencillamente por la de «un corredor de fondo», que asume, más que enfrentar, los diversos problemas de la existencia, entre ellos las dificultades en el estudio.

Las cosas que pudieron ser buenas para el padre o la madre o para determinadas personas más vitales o agresivas, no son buenas para todos, y de ahí la importancia de conocer y respetar la propia personalidad de nuestros hijos. En último término el triunfo es la felicidad y ésta se obtiene en gran medida cuando encontramos nuestro propio espacio en el mundo, nuestra vocación o carrera idónea, frente a lo que las jerarquías sociales y laborales no tienen la última palabra. Todas las ocupaciones poseen un rango extenso de categorías profesionales que van desde la base operativa hasta los niveles directivos, y las trayectorias formativas pueden adquirirse en las universidades pero también en el empleo. En este sentido, las últimas reformas educativas en los países occidentales han transformado la relación entre sistema educativo y mundo laboral, permitiendo el paso de la carrera profesional del uno al otro. Cambios todos ellos que conviene que los padres conozcan frente a un posible acceso temprano de sus hijos al mercado de trabajo, y que en modo alguno debe suponer renunciar a la educación universitaria.

Por otra parte, de todos es sabido que algunos trabajos, entre los que se encuentra el de empresario, que ofrecen un importante poder adquisitivo y prestigio social, no requieren de una titulación universitaria de forma ineludible. Así, en España un estudio de 1989 señalaba que el 83% de los padres quería que sus hijos tuviera estudios universitarios, y otro en el año 2001 indica que este porcentaje se ha reducido al 51%. De algún modo padres y jóvenes se han dado cuenta de que hoy en día para alcanzar una determinada posición social, sobre todo en el caso de los chicos, se puede conseguir haciendo carrera directamente desde el mercado laboral, que ofrece mayores posibilidades para los jóvenes de 16 a 18 años y menores para los universitarios. Según el mismo estudio habría disminuido la población que quiere continuar estudiando después de la educación obligatoria[2].

Para comprender por qué los mejor dotados, las personas con mejores calificaciones y estudios no son siempre las que alcanzan una más elevada posición social, ni los mejores trabajos, hay que tener en cuenta, además

2. El estudio encargado por la Plataforma de Organizaciones de Infancia y financiado por el Ministerio de Trabajo y Asuntos Sociales, «El Rey Desnudo», del sociólogo Domingo Comas y Octavio Granado, ex senador y profesor de departamento de orientación de Instituto de secundaria, llama la atención sobre el escaso porcentaje de jóvenes que quieren alcanzar estudios medios (bachillerato y FP de grado medio) y superiores (Universidad y FP de grado superior).

de las condiciones del mercado de trabajo, otros condicionantes relacionados con la familia de origen. Sobre este tema también se han sucedido no pocos estudios en el ámbito de la Sociología de la Educación[3]. En resumen, puede decirse que los hijos de las personas mejor situadas no sólo cuentan con mayor nivel educativo y calificaciones en los mejores centros, sino que además se encuentran en mejores condiciones para el empleo, no sólo por sus estudios, sino además por aspectos como un mayor acceso al entramado de relaciones (redes)[4] y habilidades sociales, o un mejor entrenamiento por medio de la familia y los centros educativos en habilidades para el empleo (también denominadas de empleabilidad). Asimismo, la influencia positiva del propio nivel educativo y la posición social de los padres sobre el problema del fracaso escolar, es otro viejo tema densamente abordado. Y es que, como de todos es sabido, el fracaso escolar es mayor entre las capas sociales más desfavorecidas y por el contrario los resultados académicos son mejores en las clases más altas.

Todo ello nos conduce a pensar que los condicionantes sociales y culturales son ajenos a la voluntad de padres, tutores y estudiantes, deben ser tenidos en cuenta antes de cargar demasiada responsabilidad, en concreto sobre los jóvenes en relación con la consecución y éxito de sus carreras.

Las razones son muy variadas, pero uno de los principales motivos por los cuales los hijos de las personas con un mayor nivel educativo y profesional tienen mayores facilidades para alcanzar la posición de sus padres es que cuentan con una mayor información. No siempre es fácil tener todos los datos necesarios que contribuyen a tomar la decisión más adecuada sobre el futuro de nuestros hijos. La propia vida se manifiesta como un conjunto de incertidumbres que habrán de irse superando con experiencia y también con equivocaciones reiteradas. De otro modo, vivir sería más que un arte una técnica, una ingeniería determinista, y no valdría la pena la vida, que en definitiva no es otra cosa que «aventurarse». Por otra parte, en nuestro mundo cambiante e internacionalizado, las posibilidades profesionales se multiplican, la ocupaciones y profesiones también, así como la dificultad para delimitar trayectorias profesionales únicas y estables.

---

3. Ver *Educación, ocupación e ingresos en la España del siglo XX*, de Julio Caravana, Ministerio de Educación, Madrid, 1983, y del mismo autor *Escalas de Prestigio Profesional*, CIS, Madrid, 1996. También, *Integrar o segregar: la enseñanza secundaria en los países industrializados*, de Mariano Fernández Enguita, Barcelona, Laia, 1989.
4. Ver «Redes sociales y mecanismos de acceso al mercado de trabajo», *Sociología del Trabajo*, n. 11, de F. Requena, Madrid, Siglo XXI, 1991.

Sobre este tema los padres deben tener en cuenta que el sistema educativo dispone cada vez de mayores posibilidades para:

1. Pasar desde un tipo de enseñanza a otra (de la enseñanza secundaria a la profesional, o de ésta a la universidad).
2. *Convalidar* estudios en diferentes ámbitos (*homologación* de cualificaciones de la Formación Profesional, la *Formación Continua* en el puesto de trabajo, la *Formación Ocupacional* para desocupados).
3. Pasar del mundo laboral al educativo y viceversa (con el reconocimiento académico de los años de experiencia profesional en toda Europa en los distintos niveles de cualificación).

> Por mucho que tutores y padres intenten imponer sus criterios, el estudio requiere de la voluntad de acción del interesado para concentrarse, atender, memorizar, superar exámenes, esforzarse; razón por la que es necesaria la negociación, para evitar el conflicto permanente, contraproducente no sólo para el estudio, sino además para el armónico desarrollo de la vida familiar.

Frente al fracaso y después de poner todos los medios disponibles, deben conocerse las alternativas posibles a un problema que puede enturbiar la vida de la familia y el futuro de los hijos. En muchos países el sistema educativo goza de un carácter teórico exagerado, frente al que sólo se presenta la alternativa de las enseñazas artísticas, deportivas y profesionales, pero dichas alternativas, al ser conceptualizadas por la sociedad como una penalización frente al fracaso en el sistema educativo, no han tenido toda la aceptación que les hubiera permitido cumplir su función encomendada. Frente a esta disyuntiva, enseñanza secundaria o profesional, puede optarse también por la combinación de vida laboral y los estudios, pasados los dieciséis años.

¿Pero si mi hijo o hija no estudia ahora que no hace otra cosa, cómo podrá hacerlo compatibilizando el curso con un trabajo extenuante?

Es cierto que los trabajos que la sociedad depara para los jóvenes son extenuantes (reparto, botones, comida rápida, aprendices en talleres...), pero este mismo problema puede actuar desde dos vertientes muy positivas para la valoración de los estudios, por un lado desarrollará su espíritu de sacrificio, comprenderá lo que cuesta ganar el sustento, pagar los estudios. Por otro lado, comprenderá la importancia de la adquisición de un estatus social como vía para alcanzar puestos de trabajo más amables, menos subordinados. Pero sobre todo que los estudios pueden ser el camino para enriquecerse como persona y conseguir trabajos más creativos o con mayor iniciativa.

Puede, por el contrario, sentirse satisfecho en su trabajo, comenzando así una trayectoria dentro de la empresa que le procure cualificación y promoción, pudiendo ser éstas convalidadas por un determinado nivel educativo a partir del cual seguir en el futuro estudios universitarios.

Otro posible origen de muchos fracasos en los estudios puede encontrarse, según se ha visto, en la divergencia de criterios (por otro lado tan natural), entre lo que quieren los padres que hagan los hijos y lo que éstos prefieren. Debe tenerse en cuenta que muchos grandes personajes han estudiado de forma tardía o autodidacta, contrariando los deseos de sus progenitores: Walt Disney, Henri Matisse, Salvador Dalí, Neil Young, Camilo José Cela. Hasta de Albert Einstein se dice que suspendió la física, a pesar de que contaba con una desmesurada curiosidad por la naturaleza desde su más tierna infancia y ya con doce años conocía la Geometría de Euclides. En este sentido, respetar las preferencias de los hijos es tan importante como mantener la autoridad (no el poder y la coacción) sobre las opciones más sensatas para su futuro, que pasan por obtener la suficiente preparación para afrontar la vida independiente, aunque ésta no coincida con la tradición, el negocio familiar, o las expectativas que corresponden al estatus o prestigio familiar. En cierta medida, los hijos también pueden, y de hecho lo hacen, educar a los padres.

En esta situación estaba Cristina Hernández, una mujer que con dieciocho años ya era directora de orquesta y profesora de música en el conservatorio de Santander, después de ser becada por la Universidad de Viena. Después de enfrentarse a su familia, que prefería para una estudiante tan aventajada una carrera como la Medicina, Cristina consiguió ir pagando sus estudios musicales con clases particulares a estudiantes de los niveles que ya había superado. Tal vez por vivir en una provincia, tal vez por ser de clase media o por ser mujer, el mundo no la reconozca en las enciclopedias, pero sus composiciones musicales ya eran las de un gran maestro con sólo quince años. Esto demuestra que los jóvenes saben mucho sobre sus propias aptitudes, y que esa predisposición les cualifica para ser los mejores y abrirse un futuro en los trabajos con mayores dificultades de inserción laboral. Tampoco me cabe duda que Cristina no hubiese sido la misma sin ese tesón fomentado por unos padres trabajadores y sensatos.

Y es que otro problema suele surgir cuando los padres insisten, con razón, en que la elección de estudios coincida con aquellas carreras que deparan mayores posibilidades de colocación en el mercado de trabajo. Ahora bien, deben valorarse varios factores:

1. Las profesiones que hoy son deficitarias y, por tanto, mejor remuneradas en el mercado de trabajo, no son las mismas de ayer, ni las que serán mañana.
   En los años setenta y ochenta, y aún en nuestros días, las familias españolas se obsesionaron por que sus hijos obtuviesen un título universitario superior cualquiera, por considerarlos fuente de prestigio, y de acceso a los mejores puestos de trabajo y bien remunerados. En nuestros días, los técnicos universitarios (diplomados) y de formación profesional son, sin embargo, los que encuentran unas mejores condiciones laborales y de acceso al mercado de trabajo.

2. La dificultad para conseguir una ocupación es alta para todos los estudios, si bien para unos más que para otros. Aspectos como las calificaciones, las relaciones sociales, la destreza del alumno para abrirse camino, su imagen personal, ¡la vocación! pueden llegar a ser más decisivos que la titulación en sí.
   La fijación de la sociedad «en los títulos», que produjo el ingreso masivo de estudiantes en las universidades en los años setenta y ochenta, ha puesto también de manifiesto un perfil: el universitario «supercualificado en paro» y que vive con sus padres pasados los treinta años. Los largos años de estudios y oposiciones han afectado de forma muy negativa a muchos jóvenes que, con nula experiencia en el mundo laboral, desconocen habilidades sociales tan necesarias como los estudios: el trabajo en equipo, el arte de relacionarse y hacer contactos, hablar en público, hacer una entrevista o lo que de forma proverbial se conoce como «buscarse la vida». Es por ello que el éxito en los estudios debe buscarse desde una perspectiva global del desarrollo humano, social y cultural del alumno, sin la cual los intentos por dicho «éxito» pueden resultar vanos. Perseguir el éxito académico como el medio para un único fin (la consecución de un buen empleo) puede resultar extenuante (carreras, doctorados, *masters*), mientras los mejores trabajos no son siempre ocupados ni por los «mejores de la clase», ni por aquellos con un nivel académico más alto.

3. La *vocación* del alumno incide positivamente en las calificaciones y en la destreza para la consecución de una ocupación (como se verá más adelante).

4. Si cierta titulación encuentra serios problemas de inserción en el mercado laboral, hay que considerar otras que igualmente pueden conducir a realizar en el futuro la misma profesión que desea el estudiante.

Por ejemplo, a través de un curso de posgrado terminados los estudios universitarios, o prácticas, o en forma de afición complementaria al estudio. Así la investigación, el periodismo, la docencia, las relaciones públicas, la publicidad, y el mundo de la empresa en general, pueden abordarse desde distintas licenciaturas.

Por último, y para completar el enunciado de estrategias para superar el fracaso escolar, debemos advertir que, para que toda negociación funcione, hay que aprender a tener empatía, es decir, a ponerse en el lugar del otro. Pero si esto no es sencillo en las situaciones normales en el mundo del trabajo, mucho menos parece serlo en el «abismo» de las relaciones generacionales. Una de las técnicas de ayuda más utilizadas en este terreno, tanto en educación como en la empresa y la política, es el «rol playing» o juego de rol, consistente en desempeñar por unos momentos un papel, el papel del contrario en la disputa. Esta técnica o juego es bien conocida por los jóvenes y puede por ello ser puesta en práctica frente a reales o potenciales conflictos.

Para fomentar las buenas relaciones familiares, la época estival o cualquier época de vacaciones son una buena oportunidad para iniciarles en la práctica de actividades participativas y culturales que favorezcan un desarrollo más equilibrado del estudiante y le ayuden a interesarse y superar asignaturas como los idiomas, la música, gimnasia, o todas en su conjunto. Puede tratarse de cursos monográficos de lenguas, lectura rápida, deportes y campamentos de verano en general.

Las actividades culturales que los jóvenes y escolares pueden desarrollar en verano, van desde los cursos universitarios que dispensan la práctica totalidad de universidades, y en donde los estudiantes de secundaria pueden en ocasiones asistir como «oyentes», hasta las distintas modalidades de cursos, jornadas y campamentos de verano. Es decir, buscando que el aprendizaje y el estudio pueda ser incluido y entendido por el alumno como otra forma de aprendizaje en la propia vida.

Puede empezarse, si se observa que es ese el problema, por cursos de técnicas de estudio.

La autoestima, la seguridad de que se está capacitado para los logros y aceptarse y sentirse aceptado por los demás, influye directamente en el rendimiento académico, y pueden encontrarse cursos serios sobre esta temática.

Sin aceptación y respeto, difícilmente se podrá acceder al alumno y ayudarle. Para ello conviene valorarle no sólo como estudiante, sino además como un ser humano con su propia personalidad; no sólo por las calificaciones, sino además por lo que aprende y hace a lo largo del día.

Debe tenerse en cuenta que si algo falla en la salud, o en el estado físico o psíquico del alumno, repercutirá negativamente en su rendimiento académico.

En resumen, ¿cómo hacer que los hijos superen sus dificultades con los estudios?

Detectando el origen de dichos problemas y consiguiendo un cambio en la conducta del estudiante.

En la mayoría de los casos, será conveniente para los niños encontrar un compromiso de cambio de cada una de las partes implicadas: profesores, padres y alumnos. Con los jóvenes deberá procurarse que sean ellos mismos los que tomen las riendas de su destino; pueden dejar los amigos actuales, cambiar de actividades de ocio, de colegio o estudios, incluso ponerse a trabajar; la decisión de cambio debe partir de ellos, y cualquier cambio será mejor que el de dejar que el fracaso haga mella en sus vidas.

Por último, es una importante labor de los profesores fomentar el aprendizaje cooperativo para fortalecer las relaciones que se establecen en el grupo, preocuparse de que las relaciones del alumno con su clase sean buenas, enseñándole a convivir, intentando que se adapte lo más posible a sus compañeros y compañeras.

El docente evitará las comparaciones y la distinción en grupos dicotómicos más o menos permanentes: «el bueno», «la lista», «los malos», «los que aprueban», «traviesos», «la pandilla del recreo», «callados», «chicos y chicas», evitando plantear esa gran disyuntiva que tanto angustia a los estudiantes y que deben enfrentar en solitario: «si saco buenas notas me cogerán manía mis compañeros», «si me río del profesor seré el líder pero suspenderé», «Si pregunto pensarán que soy "pelota"»... Para ello conviene potenciar la integración de los *grupos informales*, es decir, aquellos grupos que los propios alumnos establecen en nuestras actividades en el aula. El profesor como adulto debe jugar con los papeles que el grupo escolar asigna para cada uno de sus miembros, con el fin de que todos ellos se integren por igual y que su relación sea la mejor, pero también la que cada uno elige y necesita. Algunos alumnos demandan atención, otros comprensión, también libertad, reconocimiento. Los buenos profesores saben compaginar el desarrollo psicosocial de sus alumnos en el grupo con la impartición de conocimientos.

Para facilitar el aprendizaje es necesario que la relación con el profesor sea positiva. En un hogar en el que se habla despectivamente de los profesores no se está favoreciendo la disposición del alumno a aprender de ellos. Ahora bien, si se considera que un profesor o una profesora menosprecia a sus hijos, habrá que analizar el fondo del problema con dicho docente y abordar conjuntamente las soluciones.

Debe plantearse un cambio global de actitud, en el cual el alumno pase de ser víctima pasiva de las circunstancias a ser creador activo de su futuro.

La tensión impuesta ha ser sustituida por la tensión asumida, y para ello el propio alumno debe trazar sus compromisos, un plan de acción a su medida, si es posible con la ayuda de sus padres y profesores. Es necesario reforzar la autoconfianza, la *motivación* y la *estrategia* de estudio.

Habrán de desplegarse una serie de medidas que pueden resumirse en:

1. Técnicas para que el estudio se convierta en una actividad necesaria, agradable y placentera, cambiando la actitud tanto de padres y educadores, como del alumno.
2. Técnicas para conseguir una mayor concentración.
3. Técnicas para rentabilizar al máximo el tiempo dedicado al estudio: Planificación.
4. Perfeccionar la lectura comprensiva, la expresión y la escritura.

5. Técnicas de estudio: saber sintetizar, hacer esquemas, aprender a memorizar, repasar.
6. Sentar bases comprensivas de cada rama del conocimiento para que todo los demás nuevos conocimientos sean almacenados de forma coherente, relacionando y evitando así el olvido y la memorización sin fundamento.
7. Aprender a hacer exámenes.
8. Emplear juegos didácticos que agilicen la atención, el pensamiento crítico, la memoria, los conocimientos y las ganas de aprender.
9. Mejorar el entorno familiar, de relaciones y esparcimiento de los estudiantes, para que éstos más que afectar negativamente al estudio, ayuden a compaginar las facetas necesarias en su vida diaria.

> Una familia que se divierte aprendiendo tendrá hijos que estudian sin dificultades. Unos padres que se jactan de su ignorancia educarán hijos ignorantes.

1.5. Problemas en el aprendizaje y tratamientos específicos

> Cuando las dificultades escolares están relacionadas con el desarrollo neurológico y psicomotriz del estudiante, la intervención del especialista puede ser imprescindible y es importante que se emprenda lo antes posible. Así, determinados ejercicios de psicomotricidad pueden prevenir posibles dificultades y contribuyen a superar las ya existentes.

Para que los padres y educadores puedan detectar algunos de estos problemas, haremos una breve introducción a las alteraciones más comunes que podrán ser tratados por especialistas en los centros de salud o del centro educativo.

Entre estos problemas deben descartarse las *sincinesias*, que equivalen a debilidad motriz, es decir, incapacidad del sujeto para realizar determinados movimientos utilizando los músculos correspondientes. Existen muchos ejercicios para corregirla y desarrollar el esquema corporal desde muy temprana edad. Algunos de los ejercicios que desarrollan el esquema corporal son los juegos de pelota, trazar con los brazos círculos en el aire; para desarrollar el equilibrio, mantenerse de puntillas el mayor tiempo posible, caminar sobre una línea, jugar a la pata coja; existen otros para la habilidad manual, como manipular materiales (plastilina, arcilla), recortar, doblar, etc., y otros para la orientación. Muchos de estos aprendizajes pueden realizarse a través del juego.

También las actividades musicales contribuyen al desarrollo psicomotriz, así como del ritmo y del equilibrio.

Dentro de los problemas del lenguaje se encuentran las *dislaxias* (falta, alteración o sustitución de un sonido por otro, como consecuencia de una inadecuada articulación), las *dislexias* (dificultades en el aprendizaje de la lectura) y las *hipoacusias* (pérdida leve de la audición).

Los niños que sufren hipoacusia padecen también trastornos en el lenguaje, ya que un niño que no oye no puede reproducir sonidos. El uso de un audífono puede ser una buena solución.

Otros trastornos relacionados con el lenguaje son la *disfemia* o tartamudez, las *disgrafías* (dificultades en la escritura que no se asocian a trastornos neurológicos), *disortografías* (faltas de ortografía), *discalculias* (se refieren a alteraciones en los números).

También las enfermedades somáticas que provocan absentismo escolar, aunque éstas sean leves, pueden producir retrasos en el rendimiento y la nivelación con sus iguales, además de soledad y aislamiento en los jóvenes. Conviene por ello establecer un plan para prevenir ambas dificultades con profesores particulares, compañía de amigos, voluntarios, etc.

Asimismo influyen los defectos visuales hasta que se descubren y corrigen, la fatiga o las enfermedades crónicas.

La hiperactividad infantil es otra importante causa de retraso y fracaso escolar. Estos niños son difíciles de educar, incluso aunque tengan un coeficiente intelectual normal, ya que pocas veces pueden mantener durante mucho tiempo la atención en algo y es muy difícil programarles. Son obstinados y tienen un umbral muy bajo de resistencia a las frustraciones, insisten en exceso para conseguir lo que quieren y si no lo consiguen se sienten muy afectados. Son volubles, impulsivos, fácilmente excitables, creando conflictos en la escuela y en el hogar. Para estos niños las técnicas psicoterapéuticas están destinadas a mejorar su convivencia favoreciendo su integración y aprendizaje.

Como puede comprobarse, las causas por las que los niños pueden retrasarse en los estudios son muy diversas y pueden ir desde la deficiencia intelectual o dificultades sensoriales como las mencionadas, en el lenguaje, la escritura o la lectura o de maduración general.

Padres y profesores deberán comprobar si la comprensión lectora es la adecuada para su edad, o por el contrario un obstáculo para el aprendizaje.

La comprensión lectora es la capacidad de entender, asimilar y resumir lo que se ha leído, y la forma de evaluarla es efectuar preguntas sobre lo leído o realizando ejercicios en los que se valore tanto la velocidad de lectura como la comprensión.

La lectura es el medio más utilizado para la adquisición de conocimiento. Un problema muy común entre los estudiantes de hoy en día, denunciado por profesores desde la secundaria hasta la universidad, es la falta de capacidad de abstracción que sufren nuestros estudiantes. Hasta el punto que, después de leer un texto, les resulta difícil comprenderlo en su totalidad, recordando sólo partes. La televisión tiene que ver en este sentido, pues genera una apreciación «frontal» de la realidad, frente a la capacidad de raciocinio y abstracción que genera la lectura.

Aunque pueda parecer que la lectura de materiales que no sean libros de textos, como revistas, libros de aventuras, etc. distrae la atención del estudio, cualquier tipo de lectura será siempre más adecuada que la televisión, los videojuegos y otras modalidades de ocio pasivo. Ambos, libros y materiales audiovisuales, por el contrario, pueden ser utilizados como estrategia para desarrollar determinadas habilidades, por ejemplo las del dominio de otro idioma con juegos informáticos interactivos o vídeos, la mecanografía, la ortografía o las matemáticas con programas específicos de ordenador, la geografía e historia con documentales, etc. La oferta en el mercado en estos momentos de juegos educativos es importante, pero promete serlo aún más. Podemos encontrarlos en tiendas especializadas, grandes almacenes, librerías o a través de Internet.

Resumen

Ante los suspensos no hay que gritar, castigar, reprochar, comparar, sino ver cuál es la raíz del problema, si se trata de la comprensión, el aprendizaje, el interés, la relación con sus profesores o compañeros, etc., y tratarlo de forma individual, porque cada alumno es completamente diferente.

En primer lugar debe comprobarse que no existe abandono educativo o dificultades escolares relacionadas con el desarrollo neurológico y psicomotriz del estudiante, y cuando existan problemas en el aprendizaje habrá que descartarlos o aplicar tratamientos específicos.

Conviene hablar con el niño o joven y poner los medios necesarios (libros de repaso, profesor particular, academia, etc.); además es conveniente escuchar la opinión de los profesores, sin evadir la responsabilidad paterna/materna. Una vez detectado el problema hay que negociar con el estudiante para que se responsabilice él mismo.

Se considera «fracaso escolar» la situación en la que el alumno, a pesar de tener capacidad, rinde por debajo de sus posibilidades. Pero en la pedagogía moderna se prefiere hablar de «dificultades escolares». Para valorar el rendimiento de un alumno han de tenerse en cuenta, además de sus calificaciones, el comportamiento en clase, su actitud, esfuerzo, etc.

Las causas de las dificultades escolares pueden provenir del propio estudiante, la familia y su entorno, de los profesores, del colegio, los métodos didácticos, determinadas pautas sociales, etc. o de una integración de varios de estos factores.

Para hacer frente al fracaso existen diferentes soluciones, como enseñarle las técnicas apropiadas para hacer del estudio un trabajo agradable, mostrándole la forma en que el estudio sea un medio para lograr sus fines (la música, viajar, etc., entre otras).

El castigo y la comparación no son medios eficaces para que estudie, sino para desmotivarle y hacer que pierda su autoestima, tan importante para conseguir un rendimiento intelectual adecuado.

No hay que forzar al joven a estudiar lo que se cree que es mejor para él, o lo que estudió su padre, por ejemplo. Sí, en cambio, dejarle estudiar lo que más le gusta, su vocación, porque así su rendimiento será mayor, siempre que se analice la posibilidad de adecuar dicha vocación a salidas profesionales posibles.

Habrán de reforzarse, por tanto, la autoconfianza, la motivación, y la estrategia de estudio.

Existen dificultades escolares relacionadas con el desarrollo neurológico y psicomotriz del estudiante. Cuando existan problemas en el aprendizaje habrá que aplicar tratamientos específicos.

2

Qué tenemos que saber sobre la enseñanza y el aprendizaje

> *Objetivo del capítulo*: **el lector abordará conceptos básicos y técnicas para acometer eficazmente la enseñanza, así como los factores que intervienen en el proceso de aprendizaje.**

2.1. Qué es el aprendizaje

Una de las múltiples definiciones del *aprendizaje* es la que considera éste como el proceso por el cual se produce un cambio, más o menos permanente, en la conducta.

Para conocer el proceso la Psicología del Desarrollo ha diferenciado tres clases de aprendizaje humano que conviene conocer:

a) El «*condicionamiento* clásico», del que fue precursor el fisiólogo Ivan Pavlov, consiste en la afirmación de que todo reflejo (respuesta) es siempre una reacción a una acción. Existen reacciones innatas, como el reflejo de succión en el lactante y reacciones aprendidas, asociadas a una «condición», a un estímulo.

El experimento de Pavlov consistía en que, tras hacer sonar la campana siempre que alimentaba a unos perros experimentales, éstos reaccionaban con sólo oírla como si les hubieran dado comida (salivando, emitiendo jugo gástrico y pancreático para digerir una comida que no existía)[5].

5. Pawlow, que podríamos enmarcarlo en la corriente del behaviorismo-conductismo,

La consecuencia que puede deducirse para la enseñanza es que, frente a la repetición de un estímulo positivo o negativo de un profesor, los alumnos aprenderán un comportamiento. Los educadores deben manejar los estímulos convenientemente para que se produzca aprendizaje. Esto explica además, para el caso que nos ocupa de las dificultades escolares, que a un estímulo negativo de un profesor o una materia, los alumnos responderán en el futuro de una misma forma refleja. Por ejemplo, frente a una asignatura de la que se queda harto, una forma de *evaluación*, un tema, o frente a la propia figura de un profesor determinado, se responderá de igual modo incluso cuando cambien las condiciones iniciales, afectando al rendimiento. A su vez, se relaciona con las prenociones o estereotipos que se aplican a determinadas situaciones o comportamientos socialmente convenidos.

b) El *conocimiento operativo* consiste en el «método de ensayo y error». Con él, investigadores como Thorndike y Skinner, experimentando con ratas y palomas, concluyendo que «la vivencia del éxito», tras una actuación o prueba de los sujetos experimentales, conforma distintos pasos del aprendizaje condicionado. Su aplicación en humanos derivó en lo que hoy se denomina enseñanza «programada». Durante la enseñanza en el aula esta premisa supone que el éxito de un alumno debe ser inmediatamente recompensado con un elogio, o con cualquier otro tipo de refuerzo, que ayudará a que se genere una «vivencia de éxito», que incentivará un nuevo esfuerzo y contribuye a que los conocimientos queden fijados.

c) El *aprendizaje por razonamiento* es un hallazgo que corresponde al profesor W. Kohler, que realizó sus experimentos con chimpancés. Éste colocó unos plátanos sobre la jaula y unas cajas junto a los monos hambrientos; viendo éstos que ni dando saltos, ni colocándose unos sobre otros no podían alcanzarlos, establecieron la asociación entre las cajas y los plátanos, por lo que colocando unas cajas sobre otras se hicieron con ellos. Lo mismo ocurrió al colocar unos bastones. Dando lugar al aprendizaje razonado.

El aprendizaje razonado se manifiesta más permanente, se adquiere más pronto y es más fácil de aplicar en situaciones similares.

---

sostenía que el reflejo condicionado origina hábitos de conducta. Por lo tanto, estudiando estos reflejos se afirma que se puede explicar la conducta humana evitando la conciencia, es decir, lo subjetivo.

Podemos concluir que estímulo, refuerzo y asociación son elementos que intervienen en el aprendizaje efectivo, y el profesor deberá contar con ellos a la hora de programar sus clases. También los padres y tutores pueden ensayar las pautas y métodos para hacer más eficaz el estudio.

Por ejemplo, si tenemos que estudiar una lección de geografía podemos conseguir la atención sobre un tema con un primer estímulo que nos recuerde las vacaciones, o cualquier otro aspecto sugerente para el alumno en la introducción; el refuerzo de éxito, haciéndole preguntas tras las que felicitaremos el éxito, o realizando un test finalizada la lección que será puntuado, y la asociación o pensamiento razonado, relacionando las características de esa geografía con las de su turismo que conocemos o nos gustaría conocer.

2.2. Factores del aprendizaje

Nuestro cerebro está formado por dos hemisferios, el derecho y el izquierdo. Sin embargo, la enseñanza escolar tradicional ha dado preferencia al desarrollo del hemisferio izquierdo, responsable de nuestro pensamiento lógico, analítico, minucioso, prudente, donde reside la capacidad verbal, en detrimento del hemisferio derecho, donde residen la creatividad, la intuición, la audacia, la capacidad de síntesis. Ambos hemisferios procesan la información de forma distinta. Para triunfar en la vida escolar, pero también luego en la profesional, ambos hemisferios deberán complementarse y ser desarrollados al unísono.

Si integrar el trabajo con los dos hemisferios supone incrementar la *inteligencia* y encontrar con mayor rapidez soluciones para los problemas que van surgiendo en la vida cotidiana, desde el punto de vista de la enseñanza implica que cada estudiante reacciona de forma diferente en el proceso de aprendizaje.

Durante los tres primeros meses de vida, el lactante desarrolla un modelo de percepción sensorial determinado por los estímulos absorbidos: movimiento, colores, formas, sonidos, contactos cutáneos, etc. Un modelo básico del que va a depender la forma en la que el ser humano aprenderá el resto de su vida.

Al igual que se recomienda estudiar con los dos hemisferios del cerebro en perfecta colaboración: el hemisferio cerebral izquierdo (analítico, lógico, verbal...) con el derecho (sintético, artístico, intuitivo, creativo). El profesor deberá enfocar el método de enseñanza, los medios y recursos didácticos (pizarra, retroproyector, murales) a los distintos modelos de aprender de cada alumno. Aunque con vistas a la programación del curso tendrá que fundamentarse en los modelos básicos pensando en todos los alumnos que: tienden a memorizar lo que ven (dibujando en la pizarra por ejemplo), a los auditivos (entonando, enfatizando, repitiendo la lección, poniendo rima), a los cinestésicos (gesticulando, caminando por el aula o fomentando la participación).

Parafraseando a Vester (1975), podemos decir que el éxito del aprendizaje y los buenos resultados escolares no dependen de la inteligencia absoluta del individuo (capacidad para retener, combinar y detectar relaciones), sino que, con frecuencia, dependen de la coincidencia relativa entre el modelo de aprendizaje y el de enseñanza. Dos modelos que determinan la posibilidad o imposibilidad de una resonancia, de un acoplamiento y por tanto del éxito de la enseñanza. El niño aprende siempre de un «interlocutor», bien sea el profesor, bien sea el libro escolar, los progenitores, o los compañeros, y aprende cuando se reconoce a sí mismo en este interlocutor, es decir, cuando su propio modelo de asociación se armoniza con el del profesor.

> En resumen, puede afirmarse que los buenos resultados en el aprendizaje dependen de la combinación de tres factores: *inteligencia, método* y *motivación*.

Ninguno de los tres es suficiente por sí mismo. El método sin inteligencia no posibilita al alumno alcanzar el éxito. La motivación es el factor más modulable, y sobre el que el profesor puede trabajar con mayor margen para el desarrollo de su profesionalidad.

El método, por otra parte, constituye el factor más concreto y fácilmente aplicable, el pilar fundamental del trabajo del educador, y su introducción puede aprenderse desarrollando las actitudes del profesorado para la utilización y conocimiento del mismo. Esto quiere decir que si en otras profesiones la formación es importante, mucho más cuando de educadores se trata. Los centros educativos que invierten en formación para sus profesores lo hacen al mismo tiempo en los resultados y la calidad de la enseñanza que recibe el alumnado.

La motivación es cómplice del profesorado en la medida que procura evitar situaciones de aversión cuando los contenidos no ayudan. Las muestras exageradas de *inteligencia* individual o los halagos a los alumnos con más talento pueden, por otra parte, desmotivar y dificultar el aprendizaje del resto.

La *inteligencia* no sólo no facilita el aprendizaje por sí sola, sino que en ocasiones los alumnos más inteligentes, y en especial los *superdotados*, no se adaptan al ritmo de aprendizaje del grupo. El aburrimiento en estos casos juega directamente en contra de la motivación y por lo tanto de la atención y la adquisición de conocimientos. No olvidemos que la motivación entronca directamente con el ámbito de las emociones. Y por ello no es de extrañar que los alumnos más inteligentes no sean siempre los más aventajados. Es más probable ver motivado a un alumno con una inteligencia normal, con inquietudes, que disfruta aprendiendo, relacionando y exhibiendo sus conocimientos.

Para comprender el proceso de la motivación, el profesor debe saber que toda la información que llega al cerebro genera unas reacciones biológicas en el sistema *límbico*, situado en el límite entre el cerebro y la médula espinal, lo que se ha llamado tálamo, allí donde todas las percepciones sensoriales toman un cariz emocional, ya sea de placer o de desagrado. Pues bien, dichas emociones se encuentran directamente relacionadas con la retención y el recuerdo. De ahí que el trabajo del buen profesor consista en presentar su asignatura de una forma positiva y placentera, potenciando la receptividad de los participantes.

Condiciones que facilitan el aprendizaje:

- Animar a ser ACTIVO, utilizar métodos activos en la enseñaza.
- Favorecer la naturaleza PERSONAL del aprendizaje centrándose en las necesidades y modos de aprender de todos los alumnos.
- Aceptar el concepto de que ser DIFERENTES es no sólo aceptable sino conveniente.
- Reconocer el DERECHO AL ERROR y el deber de superación.
- Tolerar la IMPERFECCIÓN.
- Alentar a la AMPLITUD DE ESPÍRITU y a la CONFIANZA EN UNO MISMO.

- Dar la impresión de ser RESPETADO y ACEPTADO.
- Facilitar el DESCUBRIMIENTO.
- Dar importancia a la AUTOEVALUACIÓN en COLABORACIÓN.
- Permitir y favorecer la confrontación de ideas sin enfrentamientos.[*]

2.3. Procesos de aprendizaje: la memoria

La memoria constituye una destreza mental que permite recordar acontecimientos e informaciones pasadas. Desde esta idea, los estudios sobre la memoria se han propuesto, como objetivo primordial, conocer cómo se sucede el recuerdo y las causas del olvido.

Los seres humanos poseen tres tipos de memoria: la memoria inmediata, la memoria a corto plazo y la memoria a largo plazo. De éstas únicamente consideramos aprendizaje lo que queda almacenado en la memoria a largo plazo. Las razones son diversas: La memoria inmediata no almacena información, implica únicamente una circulación de estímulos eléctricos a través de nuestra red de fibras cerebrales. Tiene una capacidad entre 10 y 20 segundos. La memoria a corto plazo equivale a una actividad cerebral que puede durar hasta 20 minutos y en la que se almacena la información captada.

Por el contrario, la memoria a largo plazo puede ser reclamada en cualquier momento, en principio; mientras que el proceso que va desde la memoria inmediata hasta la memoria a largo plazo puede acelerarse, retardarse o bloquearse.

Los procesos por los cuales el traspaso a la «memoria a largo plazo» puede acelerarse son los que interesan en la enseñanza y constituyen uno de los principales intereses del método educativo.

Siguiendo al profesor Michael Birkenbihl (1996:83), conviene saber que:

1. Se acelera el traspaso de informaciones de la memoria a corto plazo hasta la memoria a largo plazo:

   – Cuando se producen asociaciones (con «imágenes» ya almacenadas en el cerebro).

[*] Fuente: Adaptación de los principios de G.J. Pine & P.J. Horne. «*Principeles and Conditions for Learning*» in *Adult Education*. Adult Leadership. Oct. 69.

– Cuando se acelera el paso de los efectos de «*eistress*» (o estrés de alegría y de agrado).
– Cuando se concede un plazo al cerebro, durante el cual no se le suministran nuevas informaciones adicionales.

2. Se retrasa el transporte de informaciones a la memoria a largo plazo:

– Cuando se ofrece demasiada información en un plazo demasiado corto. Por eso será importante no cargar a los alumnos con clases demasiado densas de contenidos, no olvidar incluir pausas y recapitulaciones y resaltar lo más importante.
– Cuando hay «*distress*» (o dicho de otro modo «estrés negativo» o una excitación desagradable), como por ejemplo cuando el estudiante tiene miedo a ser preguntado[6].

3. Se bloquea el traspaso a la memoria a largo plazo:

– Cuando hay un «*distress*» excesivo o un *shock* (por ejemplo, consecuencia de un accidente); se bloquea el tránsito de las sinapsis (o impulsos eléctricos en los puntos de conexión de las distintas neuronas).
– Cuando la síntesis de proteínas en el organismo se halla perturbada, por ejemplo cuando el individuo está subalimentado o en edad senil.

Así, pues, para facilitar el proceso de memorización, y por tanto, el aprendizaje, el profesor deberá:

– Ofrecer la materia en un ambiente de «*eistress*», es decir, los participantes deberían sentir placer con la enseñanza.
– Transmitir la materia de manera que se generen muchas asociaciones con contenidos ya explicados, conocidos por los alumnos y alumnas y, por tanto, existentes en la memoria.
– Interrumpir el tema mediante «intervalos» durante los cuales hay que «hacer algo»; en dichos intervalos no habrá tratamiento de nuevas informaciones y la memoria a largo plazo puede recomponerse.

---

6. Las razones son que el «disestrés» influencia el equilibrio hormonal y perjudica el tránsito en la sinapsis.

2.4. Tipos de aprendizaje

Para conocer más sobre el aprendizaje y decidir qué tipo de método de enseñanza conviene utilizar con los alumnos, deben distinguirse entre el aprendizaje de destrezas, el de conocimientos y el de solución de problemas.

El aprendizaje de destrezas consiste en la habilidad motora o manual que se requiere para realizar operaciones que entrañan cierto grado de dificultad, basadas en el método demostrativo. Es el aprendizaje típico, aunque no el único de la educación profesional, ocupacional y continua. Es decir, el de la formación para la profesión.

Se trata de un aprendizaje selectivo en el que el estímulo actúa sobre el sentido muscular y la respuesta se da a través del mismo. En este proceso se pueden distinguir tres fases:

Fase inicial: en la que el alumno asimila las instrucciones y orientaciones que le da el formador en la demostración del modo de operar. Consiste en unos ensayos preliminares bajo el control directo o inmediato del formador (puesta a prueba) hasta que queda inicialmente dispuesto para la realización de la práctica.

Fase intermedia: Durante este tiempo el sujeto forma y establece asociaciones específicas de E-R (estímulo-respuesta) mediante un proceso de selección ya iniciado y orientado en la fase anterior. El formador procura corregir los errores inmediatamente, en el momento que aparezcan. El sujeto va adiestrándose progresivamente bajo el control del profesor, el cual se irá reduciendo en proporción inversa al grado de aprendizaje conseguido por él.

Fase final: es menos precisa que las anteriores y su duración es de carácter indeterminado y se extiende después del curso de formación, a lo largo de la experiencia profesional. En esta fase se va reduciendo el tiempo de ejecución y se va consolidando la destreza.

El aprendizaje de destrezas tiene su aplicación fundamental en aquellos casos en que interesa enseñar al alumno no sólo cómo se realiza una tarea, sino además el mejor modo de desarrollarla. Por ejemplo, realizar un experimento determinado, servir una mesa, construir una figura geométrica o realizar una pirueta gimnástica.

Pero ¿cómo podemos ayudar al alumno en el aprendizaje de destrezas?

Fase inicial:
– Para adquirir habilidades motoras es necesario, como punto de partida, una demostración del formador acompañada de una información sobre lo que hace, cómo y para qué lo hace.
– A continuación será necesario poner a prueba al alumno, guiando, al principio, sus movimientos.
– Conviene dividir las dificultades en sus elementos simples y no pasar a una nueva dificultad hasta que la anterior no quede superada.
– No conviene, sin embargo, enseñar por separado movimientos cuando la dificultad radica en la coordinación de ambos.

Fase intermedia:
– En los primeros escalones del aprendizaje es eficaz e importante fijar la atención en lo que uno hace, atendiendo más al ritmo conjunto de los movimientos y procurando «sentir» los movimientos correctos, pues esta sensación consciente da seguridad.

– Durante el adiestramiento se debe conseguir antes la calidad y la precisión que la velocidad en la ejecución de la destreza.

– El que adiestra debe ser capaz de apreciar los movimientos correctos por la forma en que se ven, para:

1. Ayudar a combatir la tensión muscular y la ansiedad.
2. Ayudar a utilizar los músculos esenciales para la habilidad en cuestión.
3. Corregir los movimientos incorrectos.

– El entrenador debe estimular los movimientos correctos y dar a conocer los progresos realizados y conocer las características psicomotrices del alumno.

– Y lo más importante, es necesario conseguir antes la calidad y precisión que la velocidad de ejecución. Por ejemplo, muchas personas aprenden mecanografía por medio de pantallas o programas informáticos que enfatizan más en la rapidez del proceso que la perfección del acabado. Esto puede dar lugar a dificultades cuya superación puede ser más complicada que el propio aprendizaje.

El aprendizaje de conocimientos consiste en la adquisición de contenidos de tipo conceptual cuyo aprendizaje exige un proceso de comprensión (síntesis, análisis, evaluación y aplicación). Una cosa es aprender un movimiento (aprendizaje de destrezas) y otra aprender un concepto. Pongamos un ejemplo:

ESTÍMULO → → → RESPUESTA

¡Dame un bolígrafo! → → → Coger un bolígrafo y ofrecerlo

En este como en otros ejemplos se dan los dos tipos de aprendizaje:

– *Aprendizaje motor:* a un estímulo (orden de dar) se responde con una acción (tomar el bolígrafo y darlo).
– *Aprendizaje conceptual:* ante el estímulo auditivo de una serie de signos (palabras), se comprende su significado (entiende el significado de las palabras).

La mayoría de las veces estos dos tipos de aprendizaje van unidos a una misma situación (por ejemplo hacer una práctica profesional implica entenderla y ejecutarla).

El aprendizaje de conocimientos incluye el de conceptos, de reglas y de solución de problemas.

El aprendizaje de conceptos significa aprender a clasificar situaciones y estímulos en términos de propiedades abstractas o de nombres comunes, obtenidas directamente de la observación. Es decir, el aprendizaje de conceptos exige dos pasos fundamentales: observar objetos concretos y comprender el término abstracto.

Aprender un proceso nuevo es un procedimiento gradual. Las diferencias entre su enseñanza en niños o adultos son que estos últimos tienen una mayor riqueza verbal, experiencias y conocimientos, lo que facilita asociaciones favorables al aprendizaje.

El proceso de aprendizaje de conceptos consiste en la presentación al alumno de situaciones-estímulo diversas para que sean discriminadas o diferenciadas y conduzcan, mediante observación, a una respuesta generalizada y abstracta consciente.

Es decir, que tanto padres como educadores deben conocer que aprender una regla no es aprender de memoria el enunciado que expresa dicha regla, sino mas bien comprender cada concepto de forma aislada, la relación entre los conceptos contenidos y poder aplicar la regla a situaciones diversas. Es decir, un aprendizaje en cadena.

Aprender reglas significa comprender el contenido de proposiciones abstractas. Para el aprendizaje de conceptos como requisito previo y simultáneo del aprendizaje de reglas, vale lo dicho en el apartado anterior sobre el aprendizaje de conceptos.

En todo tipo de aprendizaje de conceptos puede afirmarse que dicho aprendizaje se produce cuando el alumno es capaz de *comprender, analizar, sintetizar* y *evaluar.*

El aprendizaje de solución de problemas supone la adquisición de una meta mediante el uso de reglas; tal adquisición lleva a una regla de orden superior que empieza a formar parte de nuestro repertorio de reglas y nos facilita la solución de problemas semejantes al repetirse la situación.

Por ejemplo, sería una fórmula para hallar el área de un triángulo, que siempre es igual a la base por la altura dividido entre dos.

Problema	Solución
Área triángulo	$\dfrac{base \times altura}{2}$

También debe tenerse en cuenta que algunas reglas tienen excepciones.

Experimentalmente se ha comprobado que el método menos efectivo, aunque el más usado para que el alumno adquiera la capacidad de resolver problemas, es aquel en el que el entrenador resuelve ante el alumno el problema y éste memoriza instrucciones verbales.

Por el contrario, el método con mejores resultados es el que podríamos llamar «descubrimiento dirigido»; en él se aúnan la actividad propia del alumno y las orientaciones del profesor. Lo que impulsa la relación de conceptos, el contacto más equilibrado con el maestro y la adquisición de formas de decisión.

En el aprendizaje de solución de problemas sigue siendo cierto que aprender es comprender, analizar, sintetizar y evaluar. Sin embargo, solucionar un problema no implica necesariamente que se haya comprendido.

2.5. El papel de las actitudes en el aprendizaje

El concepto de *actitud* entraña una postura, gesto, disposición, o dicho de otro modo, la predisposición del sujeto a percibir, enjuiciar, valorar y comportarse de una manera determinada y propia. Debe ser diferenciado del término *aptitud*, que significa capacidad, suficiencia.

Una misma situación puede dar lugar a actitudes dispares en los diferentes sujetos que la observan. Las diferencias son resultado de factores como el origen social, la educación, la nacionalidad, etc., y van unidas a procesos internos que estructuran la personalidad y la respuesta emocional de cada individuo.

Ante un estímulo el sujeto reacciona con una respuesta diferente dependiendo de su actitud. Por tanto, puede afirmarse que las actitudes condicionan en buena medida el proceso de aprendizaje.

El problema reside en que dichas actitudes, por tratarse de una manifestación de la personalidad, son muy resistentes a la extinción o el cambio. Lo que no sucede en la misma medida con los hábitos o costumbres que son resultado de la pura repetición del estímulo-respuesta.

Las actitudes influyen en el aprendizaje a través de la percepción del alumno sobre el profesor o la materia, la del grupo escolar y la propiciada por las necesidades de aprendizaje experimentadas.

El proceso de educación de una persona es una cadena de respuestas a estímulos (cómo contestar ante la pregunta del profesor, cómo preguntar...); dichos estímulos afectan en el aprendizaje según nuestra propia percepción de los mismos. Para un alumno una «palmadita en el hombro» puede ser percibida como reflejo de su progreso, para otro todo lo contrario. Es decir, una experiencia puede ser percibida de diversas maneras por varios jóvenes, lo que implica una serie de consecuencias cruciales para el educador.

El grupo de alumnos, cuando ya se ha formado, tomará su actitud frente al educador, hacia otros alumnos, creará sus propias opiniones y dictámenes, es decir, su actitud grupal. Es por ello fundamental que el profesor se haga apreciar por el grupo, que lo conozca y se haga respetar. Éste, en ocasiones, es un objetivo complicado, aunque no carecemos de principios, consejos y recomendaciones que le ayudarán en esta tarea:

1. Presentarse por primera vez de manera no agresiva o excesivamente distante[7].
2. No enjuiciar, enseñar de forma sincera al que lo necesita los medios para mejorar.
3. Escuchar a cada uno con atención verdadera, incluso a aquellos cuyas preguntas pudieran parecernos más disparatadas; en ocasiones pueden ser tan sólo el reflejo de problemas de comprensión y aprendizaje.
4. Excusarse cuando sea necesario, con entusiasmo y sin vergüenza, ni miedo a reconocer un error. Se dice que el que no reconoce un error con premura está cometiendo otro.
5. Explicar, preguntar y responder con calma y tacto, sin dejar nunca en evidencia el desconocimiento de los alumnos, más bien invitando a que sean ellos mismos los que vayan anticipándose a las respuestas.

7. En el primer contacto se establecen etiquetas que, si son negativas, será difícil que luego sean modificadas, pues la comunicación, en este primer momento, crea un espacio «teatral» de distribución de roles para los actores, que determinará las interacciones posteriores en buena medida.

6. Felicitar en el acto cuando existan motivos.
7. Mostrar consideración hacia todos y ser discreto con las confidencias y problemática de cada alumno/a.
8. Mostrar los esfuerzos excepcionales.
9. Prometer tan sólo aquello que se está en condiciones de cumplir.
10. Ser justo, objetivo e imparcial.
11. Tratar de descubrir las capacidades e invitar a los alumnos a poner en marcha proyectos que potencien las mismas.

Por último, debe tenerse en cuenta que el individuo genera actitudes favorables hacia los objetos y hacia aquellas personas que satisfacen sus impulsos y necesidades. En el caso de los alumnos adultos, los participantes llegarán al curso con el interés de formarse y adquirir conocimientos y habilidades útiles para su vida o su trabajo, que el formador deberá intentar satisfacer. En el caso de los más jóvenes será el profesor el que deberá crear dichas necesidades, y poner de manifiesto la utilidad inmediata de los contenidos, o la aplicabilidad de tales conocimientos por medio de una metodología didáctica lo más participativa y práctica posible.

Si los padres consideran que existen verdaderas carencias en este sentido en la educación de sus hijos, y que éstos se encuentran hastiados de las clases y la educación recibida, podrán ser ellos mismos los que intenten buscar el sentido práctico y participativo de las asignaturas, por ejemplo, con la visita a museos, su aplicación en experimentos, juegos de mesa, viajes, trabajos concretos (fotografía, manualidades, redacción de textos, etc.).

Por último, concluyendo sobre lo que los educadores deben conocer sobre el aprendizaje. Si hasta ahora hemos hablado de tipos y modos de aprendizaje para favorecer la actitud y predisposición de los jóvenes frente al estudio, es conveniente manejar el concepto de estilos de aprendizaje.

Los estilos de aprendizaje hacen referencia a la tendencia general del alumno/a a enfrentarse a una tarea de una manera determinada, así como a la estrategia de aprendizaje que acostumbra emplear en dichos procesos. Siguiendo al profesor Jesús Beltrán (Seminarios, 2001).

El aprendizaje se encuentra estructurado por tres dimensiones: la motivación, el procesamiento y el pensamiento, y en función de éstas el estilo de aprendizaje desplegado por el alumno puede ser de carácter *profundo, estratégico* o *superficial*.

El estilo de *aprendizaje profundo* se caracteriza por una orientación dirigida a la adquisición de conocimientos por el mero placer de hacerlo. El estudiante procura comprender todo lo que se le enseña, sin preocuparse únicamente de las calificaciones. Es decir, intenta comprender los textos de forma madura, desde un punto de vista personal, y no asumiendo la información mecánicamente, sino sometiéndola a crítica antes de aceptarla. Este tipo de aprendizaje garantiza el éxito en los estudios y, además, el éxito personal y profesional.

El estilo de *aprendizaje estratégico* se produce cuando los trabajos se dirigen a la consecución de mejores beneficios y sobre todo notas. Para lo cual se economizan esfuerzos en el estudio, profundizando lo justo en la información. Este tipo de aprendizaje denota que las calificaciones son muy importantes para el alumno, pero que debería olvidarse un poco de ellas, para suavizar la presión frente a los exámenes y conseguir un enfoque más comprensivo de la materia que le permita profundizar en los contenidos y retenerlos con mayor facilidad. Todo ello le permitirá disfrutar más del proceso de aprendizaje, una mayor permanencia de los contenidos en el recuerdo y asentamiento en la memoria de los contenidos trabajados a lo largo de los años. Las buenas calificaciones vendrán por «añadidura» sin tanto esfuerzo.

El estilo de *aprendizaje superficial* es el que confía todo el rendimiento a la memorización de la materia, no busca darle un significado personal a los contenidos y el aprendizaje no goza del mismo valor. En tanto, ni los contenidos se mantienen, ni utilizan, ni relacionan.

Para evitar este tipo de estudio superficial, sería muy útil una mayor planificación del proceso, programando el tiempo dedicado al estudio, buscando información complementaria, haciendo resúmenes y mapas conceptuales. De esta forma el alumno no percibirá las materias como una amenaza frente a un posible suspenso, sino como una oportunidad para manejarse en materias nuevas y necesarias para su comprensión del mundo, pasándolo mucho mejor.

Resumen

El aprendizaje es un proceso por el que se produce un cambio en la conducta gracias a estímulos (condicionamiento), refuerzos (condicionamiento operativo) y asociaciones (aprendizaje por razonamiento).

Existe una distinción entre diferentes modalidades de aprendizaje: de destrezas, de conocimientos, de solución, pero en todas ellas será necesario comprender, analizar, sintetizar y evaluar una situación dada. Asimismo, las tres intervienen en el aprendizaje efectivo, por lo que habrán de ser tenidas en cuenta por el docente al programar las clases, al igual que también habrá de ser observado en el desarrollo de inteligencia, ya que el cerebro se encuentra dividido en dos hemisferios que deben trabajar de forma conjunta.

Para aprender, el ser humano posee tres tipos de memoria: inmediata, a corto y a largo plazo, considerándose sólo aprendizaje a lo que queda almacenado en la memoria a largo plazo. Los procesos por los cuales puede acelerarse el traspaso de la memoria inmediata, o a corto plazo, a la memoria a largo plazo son los que interesan en la enseñanza. La actitud de los alumnos, como la del profesor (su carisma), influyen en el aprendizaje. Cada alumno responderá de manera diferente ante un mismo estímulo dependiendo de su actitud, condicionando ésta su proceso de aprendizaje.

3

Cómo trabajar con la mente

Objetivo del capítulo: **conocer el papel de la mente y su cuidado en el aprendizaje y los mecanismos para mejorar la atención y la memoria.**

3.1. El cerebro

El cerebro es el órgano de mayor consumo energético del cuerpo humano; con el dos por ciento de peso corporal gasta el veinte por ciento del oxígeno total. De ahí la insistencia de una buena oxigenación por medio de una respiración adecuada.

De los dos hemisferios que lo componen y a los que ya se ha hecho referencia, suele ser el izquierdo el dominante y tiene funciones más lógicas, analíticas y verbales, con mayor control sobre la destreza manual, la lectura, el lenguaje y la comprensión de la palabra. Su forma de funcionamiento es lineal.

El hemisferio derecho carece de la aptitud lingüística del primero, pero se encuentra dotado de sensibilidad espacial y se relaciona con las emociones, la imaginación, el arte y la información no verbal. Es la parte especializada en la síntesis, la orientación, el esfuerzo artístico, la imagen del cuerpo y la capacidad de reconocer caras. Tiene una mayor relación con las emociones y una especial percepción de la música.

Puede afirmarse, según Baschke y Pons, que con el hemisferio izquierdo aprenderemos las técnicas necesarias para tocar el piano, pero sólo gracias al hemisferio derecho tendremos la capacidad de emocionarnos a través de la melodía.

El entrenamiento cerebral es de gran utilidad, y aunque en la práctica solemos utilizar ambos hemisferios, es de interés conocer cuál de ellos predomina en el estudiante, y por el contrario, cuál es preciso desarrollar.

Así, para trabajar con el hemisferio derecho conviene realizar ejercicios que utilicen la evocación de olores, sabores, instrumentos, imágenes.

Para el desarrollo del hemisferio izquierdo serán de utilidad todos los ejercicios que memorizan fechas, acontecimientos y operan con números.

Los ejercicios para mantener la agilidad mental son muy variados. Por ejemplo, contar mentalmente del uno al doscientos sólo con los números pares, después con los impares, seguidamente con los que sean múltiplos de tres, acto seguido con los múltiplos de cuatro, cinco, etc.:

2, 4, 6, 8, 1, 3, 5, 7, 3, 6, 9, 12, 4, 8, 12, 16, 5, 10, 15, 20.

Al terminar la secuencia, haga lo mismo pero al revés: del doscientos al uno. Después podrá probarse ampliando la secuencia hasta el trescientos, incluso quinientos.

Desechar la calculadora y el bolígrafo e intentar resolver todas las cuentas diarias mentalmente es también una buena práctica. Cuente con la ayuda de sus hijos cuando se encuentren de compras, o al cambiar divisas en un viaje.

3.2. Cuidar la mente

Excitantes, analgésicos, hipnóticos, estupefacientes y alcohol perjudican las funciones mentales y la memoria. Si los vinos en otra época y las copas o el botellón en la actual, parecen ser un componente indisociable del ocio estudiantil, también es cierto que afectan de forma muy negativa a la memoria y la concentración, y que además interfieren en la vida sana y metódica que exige el estudio.

También el abuso del café, el té, las conservas, las especias, el azúcar, las carnes grasas y, sobre todo, las comidas opulentas, o el simple hecho de estudiar con el estómago lleno, dificultan la memorización. Los excitantes en concreto afectan negativamente al estudio, tanto por la ansiedad que generan y que dificulta la memorización, como por impedir el descanso y trabajo de la mente durante el sueño.

Por el contrario, conviene conocer que favorecen la memoria alimentos como el queso, los huevos, el pescado, el marisco, los frutos secos y en general los productos que tienen una buena relación calcio/fósforo.

También los alimentos ricos en magnesio son de gran utilidad para los procesos del pensamiento y la memoria: pan integral, sal marina no refinada, germen de trigo, legumbres verdes, chocolate –sin abusar– y los frutos oleaginosos.

Es importante no «llenarse» en las comidas y masticar suficientemente los alimentos, intentar que las comidas sean lo menos pesadas posible para que al estudiante no le invada el sueño y el riego sanguíneo se concentre en el estómago antes que en el cerebro.

También el tabaco es nocivo para el estudio, tanto por sus efectos en el organismo, como por dificultar la asimilación del oxígeno. Por la misma razón ventilar la habitación, respirar adecuadamente y el ejercicio físico tienen un efecto muy positivo para favorecer el rendimiento.

Si alguien quiere estudiar el efecto directo del oxígeno sobre el trabajo de la mente, puede comprobar como las ideas acuden más rápidamente al intentar solucionar problemas, memorizar o escribir un relato rodeado de naturaleza.

Se considera una respiración adecuada aquella que emplea toda la capacidad torácica, todos nuestros pulmones, hinchando desde el abdomen hasta el pecho, y que aspira por la boca y expira por la nariz, de forma tranquila y acompasada. La respiración profunda y lenta favorece la concentración y la memorización.

El reposo y la relajación, como ahondaremos más adelante, también favorecen el rendimiento. Se aconsejan tres minutos de descanso cada hora de trabajo y relajarse después del estudio, mejorando esto último la memoria a largo plazo y actuando a favor de la fijación de lo aprendido.

3.3. Cómo perfeccionar la memoria

Todos tenemos memoria, de otro modo no nos sería posible llevar una vida normal. La cuestión estriba en el uso que hacemos de ella, y qué debe hacer el estudiante para que ésta le ayude a mejorar sus resultados.

La respuesta es:

Adquirir las técnicas adecuadas y desarrollar un entrenamiento sistemático.

Siempre hemos oído que la memoria es como un músculo que unos desarrollan menos y otros más. También sabemos que la memoria pierde facultades con los años. Pues bien, para ambas preocupaciones, ejercitarla y mantener sus facultades, existen técnicas y secretos que pueden modificar de forma significativa sus resultados.

Con la memoria, siempre que se siga un buen *método* y entrenamiento, puede conseguirse hacer algo parecido a cuando aprendemos a escribir a máquina, es decir, pulsar con todos los dedos y no sólo con dos, en este caso con todos los resortes de los que disponemos en nuestra mente.

Para este cometido conviene empezar atendiendo los siguientes consejos:

1. Liberar la memoria: debemos evitar memorizar trivialidades que la entretienen y fatigan. Por ejemplo, colocando las cosas siempre en el mismo sitio, poniendo etiquetas a los apuntes, haciendo listas de temas pendientes o las cosas a las mismas horas. El orden también favorecerá el trabajo intelectual de los estudiantes y el ahorro del tiempo y energía que suelen perderse buscando apuntes, libros y, sobre todo, que alejan a los alumnos del momento de comenzar con el estudio.
2. Tener *confianza* en la memoria: la autoconfianza refuerza la evocación, tanto como las dudas sobre nuestra capacidad para retener nombres extranjeros, de ciudades, fechas, etc. actúan en el sentido contrario.
3. Poner la memoria en relación con otras funciones de la mente, como la inteligencia, la voluntad, la atención y la imaginación.

Para ayudarnos en este último punto con la memoria, los estudiantes de todas las épocas han contado con la *mnemotecnia*, consistente en el arte de servirse de la inteligencia para ayudar a la memoria.

El primer paso para mejorar la memoria, tan importante para las metas de los estudios, es sustituir los métodos tradicionales de repetición por los que hacen uso y toman como ayuda la inteligencia. Cada vez que necesitemos memorizar podemos recurrir a una regla que en técnicas mnemotécnicas se conoce como regla SACRA, directamente relacionada con los mecanismos del aprendizaje ya enunciados y que consiste en:

Sintetizar

Reducir, sin que se pierdan conceptos, el contenido de la materia ayuda a la memoria, pero si, además, esta síntesis se produce de forma lógica y ordenada con efectos como tablas, cuadros sipnóticos o mapas cronológicos, favorecerá la organización del pensamiento y la retención. Es decir, el orden favorece la asimilación de los contenidos, y la agrupación de los conceptos en categorías y subcategorías garantiza la incorporación de toda la información precisa.

Asociar

Los hechos a memorizar deben relacionarse entre sí por medio de la asociación a otro tipo de categorías que faciliten el recuerdo. Por ejemplo, los rostros de personas a figuras geométricas (redonda, ovalada, cuadrada, rectangular, triangular y cónica).

Comparar

Con otros nombres, caras, datos, conocimientos que ya poseemos. Por ejemplo, si alguien nos dice que se llama Manuel y que tiene 43 años rápidamente lo olvidaremos. Si pensamos que se llama igual que un pariente que vive en Londres, y que tiene la misma edad que nuestra hermana pequeña, difícilmente se borrarán estos datos de la mente. Si nuevos datos se asocian con otros de la propia experiencia, las posibilidades de olvido son mucho menores. Por ejemplo: la persona que nunca olvida que el Mayo Francés se produjo en 1968, porque sucede diez años después de su nacimiento en 1958. O el inicio de la Revolución Francesa, porque 1789 coincide con el año de su graduación, aunque dos siglos antes. Si se pretende recordar la población de un país podemos compararla con el nuestro; si es la de una ciudad, con nuestro municipio; si es una estatura, la suya, la de su cónyuge o la de sus hijos.

Reunir

La mejor forma de recordar es reunir. Para recordar un suceso ocasional lo reuniremos con otro más habitual, con lo que se conoce, o con lo que se visualiza con facilidad. Esta norma es de gran utilidad en el caso de la ortografía. Por ejemplo, si no recordamos cómo se escribe «envolver», recordaremos que «volver» solemos escribirlo de forma habitual con dos uves. Si visualizamos la compra de pan rallado en el momento de nuestra compra diaria de pan (un suceso habitual), será más fácil que no se nos olvide la compra excepcional de este segundo producto cuando lleguemos a la tienda.

Analizar

Todo lo que se debe memorizar ha de entenderse y descomponerse en sus distintos elementos. Si las frases son largas, aprenderlas como si fuesen cortas, si se encuentra en un lenguaje complicado, «traducirlo» a sus propias palabras.

La *voluntad* es la segunda función que coadyuva al funcionamiento de la memoria. Sin el fundamento volutivo de querer retener y evocar, estos hechos no se producen. De ahí el papel esencial del compromiso y la motivación del alumno para superar los estudios. Sin embargo, muchas veces no es suficiente con querer, sino que como con tantas otras cosas, la voluntad requiere de entrenamiento y conocer el funcionamiento de esta máquina prodigiosa que es nuestra mente.

La memoria trabaja apoyándose en lo que los psicólogos han denominado de forma popular «las tres erres»: registro, retención y recuperación. Y la voluntad puede ser utilizada en cada una de dichas etapas. En la fase de registro o retención, la voluntad deberá concentrar la atención y evitar cualquier otro entretenimiento; en la fase de retención, la voluntad será la encargada de evocar una noción las más veces posibles, ya que cuanto más se repase, cuanto más se evoque durante el tiempo libre, mejor se recordará. Por último, en la recuperación, y al contrario de lo que pudiera parecer, la voluntad de traer un conocimiento es imprescindible para que la evocación se produzca.

En los «bloqueos mentales», la palabra, el dato, no acude cuando lo invocamos. En este caso suele suceder que concentremos nuestra atención en el olvido y no en la palabra en sí. Para este problema, que puede surgir de forma tan inoportuna en los exámenes, existen varias técnicas que se referirán más adelante para superar los «atascos en la punta de la lengua».

3.4. La atención

Numerosos casos de dificultades en los estudios tratan de estudiantes inteligentes pero demasiado inquietos para centrarse en las explicaciones o los libros. Aprender por tanto a concentrar la atención es el primer paso para comprender y retener, y en definitiva superar los estudios.

> El factor imprescindible para retener en la memoria es atender.

Si bien pudiera parecer que mantener la atención es una acción voluntaria y sencilla, es por el contrario uno de los ejercicios más importantes que deben dominarse para mejorar, o hacer que otras personas mejoren en los estudios. Con este fin se aconseja:

1. Acostumbrarse a que las ideas ajenas al estudio no lo perturben, alejarlas con energía y así surgirán menos cada vez.
2. Cuando el cansancio impida la concentración: a) Tomar una lectura más fácil y agradable. b) Descansar de estudiar.
3. Hacer paradas cada cierto tiempo, que pueden aprovecharse para hacer labores pendientes que no requieran demasiado esfuerzo.
4. Conocer los momentos del día en que mejor se alcanza la concentración y utilizarlos, aunque esto suponga cambiar los horarios incluso de las clases.

Unas personas se concentran mejor por la mañana y les rinde más el trabajo intelectual y el estudio; otras, sin embargo, por la tarde, y no son pocas las personas cuyos biorritmos atienden mejor a los horarios nocturnos. En este caso será mejor modificar las horas dedicadas al sueño que abusar del café y otros estimulantes. En el caso de los jóvenes y los niños estas preferencias no deben influir en su tiempo de sueño, juego y relaciones.

Ejercicios de atención y control mental:

– Primer ejercicio:

1. Elegir 3 asuntos en que pensar. Por ejemplo: a) Una tarde en el zoo, b) Cómo cocinar una buena merienda, c) Qué llevar en un viaje al desierto.
2. Anotar estos tres asuntos.
3. Conseguir un reloj de arena o un minutero y sentarse.
4. Comenzar a pensar en el primer asunto y parar inmediatamente pasados tres minutos.
5. Considerar el segundo asunto, pero sólo éste. Parar de nuevo inmediatamente pasados tres minutos.
6. Prosiga con el tercer asunto.

Este ejercicio consiste en pensar en solitario o en grupo intentando que nuestra mente no se distraiga del tema encomendado. Puede practicarse en los momentos de ocio e intentando aumentar los 3 minutos, pero sin superar los 10. Es un ejercicio muy eficaz para los alumnos que tienen problemas de concentración. Si queremos hacerlo más ameno puede realizarse también en grupo:

1. Colocar en una caja todos los posibles asuntos que se ocurran.
2. Coger tres cada uno y comenzar el ejercicio.

– Segundo ejercicio (ejercicio del copista):

1. Conseguir una revista, un papel, un lápiz y un bolígrafo.
2. Señalar parte de un texto.
3. Con un lapicero reproducir el texto en el papel.
4. Con un bolígrafo repasar los trazos hechos con el lápiz.
5. Sentarse e intentar ver mentalmente lo que ha escrito sin pensar en ninguna otra cosa.

Todas las actividades que exigen atención también la ejercitan, como jugar al ajedrez, al tenis, etc. Será una buena práctica intentar abrir diálogos en los que participe la familia al final de un documental televisivo, animando a los chicos para que recuerden argumentos, cifras, nombres de ciudades, etc.

Intentar retener los directores y algunos actores de las películas que vemos, los jugadores que intervienen en un partido en el momento que lo hacen y ejercicios lúdicos similares potenciarán la capacidad de todos para evocar nombres y cifras en los exámenes.

3.5. La imaginación en ayuda de la memoria

Como ya se ha referido, la memoria trabaja apoyándose en lo que los psicólogos han denominado de forma popular «las tres erres»: registro, retención y recuperación.

Durante el registro o grabación, vemos, oímos y aprendemos aquello que queremos retener. La retención es el periodo que separa el momento de registro del de recuperación. Con la recuperación uno evoca voluntariamente o no un dato registrado en la memoria también de forma voluntaria o no.

Para facilitar la grabación en el momento del registro de datos, conviene desarrollar formas adecuadas de observación. Por ejemplo, si observamos un cuadro, o si leemos un texto, es una buena idea hacerse preguntas y contestarse uno mismo sobre cada uno de los aspectos que presenciamos.

Para favorecer la conservación es aconsejable el repaso, o insistir en la técnica de las preguntas, o sencillamente pensar en los contenidos estudiados en los momentos de inactividad, que evitará un olvido en el tiempo precedente a un examen o una exposición.

Durante la recuperación es importante mantener la calma, una respiración acompasada y relajarse, para favorecer el trabajo de la mente. Después, la técnica de hacerse preguntas puede contribuir a una evocación más rápida. Por ejemplo, estamos frente a un examen y deseamos acordarnos de la batalla de Lepanto; comenzaremos preguntándonos: ¿Dónde ocurrió, cómo, por qué, contra quién, quiénes y quién, cuáles fueron las consecuencias, bajo qué reinado... ¿No se sorprende de lo que recuerda?

Un fallo en alguno de estos tres pilares (registro, retención, recuperación) puede dar lugar a un bloqueo mental. Ante una situación de bloqueo debemos, por tanto, preguntarnos si se debe a un registro inadecuado (mala memorización), a una mala retención o a un proceso de recuperación inadecuado.

De los múltiples factores que pueden afectar a uno de estos tres procesos y propiciar bloqueos mentales, se encuentran el cansancio, los nervios, la tensión emotiva. Es durante los exámenes en donde dichos factores pueden bloquear la función de recuperación o recuerdo, e incluso el registro, cuando llega a olvidarse la pregunta del examinador.

La ausencia de aminoácidos, por otra parte, puede afectar a las neuronas y neurotransmisores, pudiendo superar tal déficit con su provisión por vía oral. El envejecimiento cerebral, la falta de oligoelementos y lípidos, factores externos como el abuso del alcohol, los tranquilizantes, o internos como la mala circulación de la sangre, suelen ser el origen de problemas en la memoria.

Otros factores menos preocupantes, pero que habrán de tenerse en cuenta a la hora de acondicionar la habitación del estudiante son: la temperatura de la misma, ya que si es excesiva puede provocar una pérdida momentánea de memoria, tanto como la falta de oxígeno por una inadecuada ventilación. Las digestiones pesadas también pueden afectar al buen funcionamiento de la memoria.

Lo fundamental, ante cualquier incidencia, es conocer la naturaleza del problema, y una vez que se llegue a la conclusión de que dicho problema se deriva de la tensión emotiva, se procederá a la aplicación de técnicas de relajación, a la realización de ejercicios prácticos para entrenar la mente, y a mejorar el proceso de registro, por ejemplo, recurriendo al abecedario para intentar encontrar la letra inicial de esa palabra «prendida en la punta de la lengua».

Otro ejercicio que suele recomendarse en los métodos mnemotécnicos consiste en no insistir cuando no se encuentre el nombre de un escritor, un presidente, un músico, etc. Se deberá entonces relajar la atención contando mentalmente hasta diez, o tarareando inicialmente un tema musical evocador. Luego puede comenzarse a enumerar nombres de otros escritores o músicos de la misma época y en cualquier orden, todos los que acudan a la mente. Pronto aparecerá la palabra buscada.

La respiración será también un instrumento de primer orden, que ayudará a controlar la tensión mental y corporal, por lo que habrá de procurarse que sea estable, y adaptarla tal como se indica en unidades ulteriores a la actividad que se realiza.

La relajación es el tercer instrumento con el que cuenta el estudiante para potenciar su memoria. Puede conseguirse bien a través de una respiración acompasada, masajes o alguna técnica de meditación.

Refrescarse la cara o las cervicales, darse una ducha tibia, alternar ducha fría y caliente, un masaje capilar con la yema de los dedos desde la coronilla al resto de la cabeza (como en el lavado de pelo), o también en el área de los ojos y las cejas, despejan el cansancio mental y físico. Cualquiera de estas técnicas naturales será siempre preferible al uso de estimulantes como el café o el tabaco, que pueden ayudarnos a evitar el sueño pero que también infieren de forma muy negativa en el trabajo de la mente. Ya que si bien la mantienen alerta, el estado de ansiedad que generan no favorece la retención ni el posterior descanso en la preparación de los exámenes.

Pruebe a sustituir el cigarrillo por unas respiraciones profundas y acompasadas cuando tenga que tomar una decisión importante. Intente que sus hijos comprueben los efectos del oxígeno sobre la mente y el bienestar general resolviendo sus tareas en el jardín o en un espacio abierto.

Ejercicios para retener números y fórmulas

La dificultad para retener números reside en que éstos no evocan nada, no se relacionan con nada a simple vista, no evocan a la imaginación como lo haría una frase como «La libélula vuela con primor», frente a una secuencia como la siguiente:

122   231   31

Ahora intente repetirla sin mirar la frase.
Repita ahora los números sin mirar la secuencia.

Si sabemos que completando los «palos» III I II conseguimos M T N, 1 será igual a T, 2 igual a N, 3 será igual a M.

Colocando las vocales más idóneas, los números anteriores se leerían:

122   231   31
ToNi   No MaTó   a Mi Tío

Puede parecer simple o surrealista, pero lo cierto es que recordar ahora la frase es más fácil que los números. Sólo nos interesa la pronunciación, las vocales serán auxiliares en esta técnica mnemotécnica.

4 = R, recordar que un carro tiene cuatro ruedas
5 = L, igual que en cifras romanas
6 = G, que se escribe casi igual
7 = K, como casete o (k7)
8 = F, por su similitud en minúscula
9 = P, el nueve al revés
0 = S, como en S.O.S

Cuando recordar una fecha o un número sea muy importante y las palabras derivadas de su deletreo resulten sin significado y difíciles de recordar, también se podrá utilizar cada una de estas letras como inicial de una palabra, en donde todas las demás letras no tendrán valor numérico. Será mucho más fácil encontrar una palabra para cada letra y recordar su significado:

1492 – Descubrimiento de América. Puede interpretarse,
p.e.: Reyes de Pueblos Nuevos

En algunos casos el recuerdo será sumamente fácil, por ejemplo para recordar la fecha de la muerte de Stendhal, evocando su obra: «Rojo (4) y Negro (2)» –1842.

Aplíquelo ahora:

1939 – Fin de la guerra civil española:
(el 1 no tiene valor numérico), P... M.... P....

Estas y otras reglas, que intentan simplificar métodos mnemotécnicos como el antiguo *Aimé Paris*, *Chest* o *Dr. Silva* (como parte de un método más complejo de control mental), son sólo un ejemplo de cómo con algunas técnicas pueden asegurarse en la memoria datos y conceptos.

Resumen

El entrenamiento cerebral es de gran utilidad, y aunque en la práctica solemos utilizar ambos hemisferios, es importante conocer cuál de ellos predomina en nosotros, y por el contrario, cuál nos conviene desarrollar.

Excitantes, analgésicos, hipnóticos, estupefacientes y el alcohol perjudican las funciones mentales y la memoria. También el abuso del café, el té, las conservas, las especias, el azúcar, las carnes grasas y sobre todo las comidas opulentas, o el simple hecho de estudiar con el estómago lleno dificultan la memorización.

El tabaco es nocivo por sus efectos en el organismo, como por dificultar la asimilación de oxígeno. Por la misma razón ventilar la habitación, respirar adecuadamente y hacer ejercicio físico tienen un efecto muy beneficioso en el estudio.

El primer paso para mejorar la memoria es sustituir los métodos tradicionales de repetición por los que ponen en relación la memoria con otras funciones de la mente, como la inteligencia, la voluntad, la atención y la imaginación.

Cada vez que necesitemos memorizar debemos recurrir a una regla que en las técnicas mnemotécnicas se conoce como regla SACRA, y que consiste en: SINTETIZAR, ASOCIAR, COMPARAR, REUNIR y ANALIZAR.

La memoria trabaja apoyándose en lo que los psicólogos han denominado de forma popular «las tres erres»: registro, retención y recuperación. De los múltiples factores que pueden afectar a uno de estos tres procesos y propiciar bloqueos mentales, se encuentran el cansancio, los nervios, la tensión emotiva, en especial durante los exámenes, en los que dichos factores pueden bloquear la función de recuperación o recuerdo.

4

Saber estudiar

Objetivo del capítulo: **dominar las condiciones, estrategias y situaciones que favorecen el rendimiento escolar y la superación de los estudios.**

4.1. Condiciones para un estudio eficaz

Los jóvenes que comprenden y atienden perfectamente las normas y rituales que requieren la práctica de sus deportes preferidos, de los habitantes de otros países cuando llegan en viaje de estudios, o cuando tienen que emplearse en excursiones en la montaña, sienten una menor disposición para atender los requisitos que hacen del estudio un trabajo menos esforzado, más placentero. Éstos, sin embargo, conviene que sean inculcados por los padres desde edades tempranas.

El estudio es un trabajo intelectual, que requiere concentración, disciplina, orden, sacrificio y reflexión, y nada de ello será posible si no se siguen unas normas correctas de higiene física y mental.

En primer lugar, la alimentación influye, tanto en la forma de ingerta –celeridad y ansiedad–, como en su composición, que debe ser equilibrada, rica en calcio, fósforo, magnesio y vitaminas, evitando los alimentos pesados –celulosa, leguminosa, etc.– o insanos, además de las digestiones pesadas.

El descanso mental y físico se consiguen con inactividad, pero también con un cambio de tarea. Así, el paso de una actividad como la lectura a otra como la observación o la escritura, o de una posición –sentado– a otra –en movimiento–, permiten un mayor aprovechamiento del tiempo.

> Es de suma importancia dormir el tiempo necesario y no menos de 7 u 8 horas, para encontrarse con una mente en forma.

Para la inducción y superación del sueño se emplearán medios naturales, paseos o actividades distendidas como las técnicas de relajación, el yoga, los baños de agua –caliente o fría según el caso–, antes que medios químicos, que como los somníferos afectan a la memoria. Lo mismo ocurre con los estimulantes –café, tabaco, alcohol, etc.–, que, como ya ha sido referido, inciden negativamente en el grado de ansiedad y en el estado general de salud.

> Es decir, utilizar las soluciones naturales y que el propio cuerpo nos dispensa para encontrar el equilibrio, antes que remedios de la farmacopea, cuyos efectos secundarios pueden conseguir resultados contrarios a los esperados.

Conviene conocer que el sueño es para el estudiante una fuente de energía, inspiración para la resolución de problemas y refuerzo de la memoria, pero no sólo eso.

El cerebro no duerme, pero necesita el sueño para convertir gran parte de la información que ha recibido a lo largo del día en recuerdos consolidados, algo esencial para el aprendizaje. El cerebro parece almacenar temporalmente en una zona (el hipocampo) la información relevante en los procesos del aprendizaje, la memoria, el comportamiento y el conocimiento, para luego traspasarla durante algunas de las fases del sueño a la corteza cerebral, reorganizando de forma útil y consolidando los recuerdos en lo que se conoce como memoria a largo plazo.

El trabajo inconsciente de la mente ayuda a estructurar, sedimentar e innovar. Siempre se ha dicho «lección dormida, lección aprendida» y existen no pocos estudios realizados en animales y personas que revelan[8] la importancia del sueño en los resultados obtenidos.

Robert Stickgold, de la Universidad de Harvard, en uno de sus experimentos más recientes con voluntarios que miraban una pantalla en la que se proyectaban imágenes rápidamente, concluyó que el recuerdo de lo que habían visto mejoraba mucho después de haber dormido en la noche siguiente a la prueba y seguía mejorando a lo largo de varios días, hasta que se estancaba o disminuía. Los voluntarios que durmieron después de la tarea mostraron un 20% de mejora respecto a los que no durmieron. Según Stickgold, la parte más importante de un sueño nocturno típico de ocho horas es, en este aspecto, el último cuarto de hora. El consejo de este experto a los estudiantes: «Si de lo que se trata es de aprender de forma útil para el futuro, vale más dormir tras el estudio. Si sólo se quiere aprobar, puede valer quedarse despierto estudiando toda la noche».

Son muchos los alumnos y científicos que han encontrado la solución a un problema matemático en sus sueños. Por extraño que pudiera parecer, la mente sigue trabajando, y en esta ocasión las lecciones se memorizan sin esfuerzo. Repasar en la cama puede conseguir que se vaya perdiendo la atención en la medida que el sueño se apodera del estudiante, sin embargo, tendrá la ventaja de seguir repasándola sin esfuerzo una vez dormido. ¡Haga la prueba!

La primera hora de la mañana es también muy recomendable para el estudio, dado que la mente y el cuerpo se encuentran descansados, y más relajados que tras los avatares del día. Complementar el estudio en ambos momentos parece, por tanto, lo más idóneo.

La respiración profunda y pausada, asimismo, incrementa la capacidad de atención y la resistencia a la fatiga, el oxígeno llegará con mayor facilidad al cerebro estimulando la memoria y la agilidad mental.

El orden psíquico, por último, influye de forma definitiva en nuestro rendimiento intelectual, por lo que se recomienda evitar las «situaciones anímicas extremas», en especial en época de exámenes, que entorpecen la

8. Como los realizados con pájaros por Daniel Margoliash (Universidad de Chicago) y expuestos en la última reunión anual de la Asociación Americana para el Avance de la Ciencia (AAAS) en Boston, con ratas por Matthew Wilson, que dirige el centro puntero en este tema, Massachusetts Institute of Technology, o personas, como Robert Stickgold, de la Universidad de Harvard.

atención. Se observará en los planes de trabajo cierto tiempo para imprevistos. Debemos potenciar el buen humor y la seguridad, evitando las ideas obsesivas, pero sobre todo el rechazo hacia el estudio, ya que todo tipo de trabajo supone un esfuerzo y una rutina, hasta los más creativos, y saber ubicar los momentos de trabajo y los de ocio de forma satisfactoria es la mejor forma de alcanzar la madurez. Debe tenerse presente que incrementar el interés y evitar la apatía frente a una tarea, depende más de la predisposición y el interés por hacerse con él, que de los temas en sí.

Si preguntamos a investigadores, periodistas, músicos, artistas, actores o escritores, así como cualquier otro profesional cuyo trabajo pudiera parecernos apasionante, nos dirán que el tema que más le entusiasmaba finaliza siendo similar a cualquier otro a la hora de trabajarlo seriamente, consiguiendo que el hecho de finalizar la tarea de forma adecuada sea el verdadero reto.

Cualquier elemento relacionado con la salud –como la debilidad, la descompensación del organismo, etc.– afecta directamente a las actitudes para el rendimiento intelectual y sobre aptitudes como la memoria, la atención, la retención de conocimientos, etc. Es por ello que los excesos, la exposición a enfermedades o una mala alimentación (con falta de vitamina C) pueden influir en la pérdida de horas de estudio, clases y en la capacidad del alumno.

Pero si algún aspecto del entorno puede afectar al orden psíquico del alumno, es el ambiente familiar, por lo se habrá de procurar que este sea lo más armónico posible y sin demasiadas distracciones que entorpezcan un clima agradable para todos y de paso para el estudio:

1. Mantener una actitud comprensiva y dialogante.
2. Crear un clima de optimismo y distensión.
3. Motivar a que los hijos realicen a conciencia y con entusiasmo todas las tareas y no sólo las académicas.
4. No revestir el estudio, o los exámenes, de connotaciones negativas (castigo, prueba, obligación, aburrimiento, condición para las vacaciones o el juego), sino como una parte más del día, que se puede aprovechar y disfrutar.
5. Fomentar la confianza del joven en sí mismo y en su capacidad para superar todo lo que se le proponga con creces, siempre que ponga la voluntad y el esfuerzo por delante.
6. Manifestar interés por las tareas escolares y proporcionarles herra-

mientas para superar las dificultades (respiración en los exámenes, bloqueos mentales, problemas con una asignatura y otras soluciones que se hallarán en este manual).

7. En los momentos de desánimo o «fracaso» es cuando más hay que apoyar al estudiante de forma positiva para que dicha decepción no lleve a la aversión por la asignatura, o el estudio en general.

8. Felicitarle cuando realice un gran esfuerzo al margen de los resultados, y también instarle a que mejore su dedicación aunque los resultados sean buenos, si se considera que pueden ser mejores. En este aspecto conviene ser realista pero no determinista con la capacidad de nuestro hijo; porque hay pocas cosas que el esfuerzo, el tiempo, la motivación y unos instrumentos pedagógicos adecuados no puedan conseguir.

9. Mantener contacto con los tutores y profesores.

10. Facilitar al estudiante un lugar de estudio adecuado, respetar el silencio, la calma en el hogar en los momentos de estudio y en especial en las épocas de exámenes. Vigilar una buena alimentación y que el descanso sea el necesario. Velar por una relación adecuada entre estudio y tiempo de ocio.

11. Intentar llenar el ocio de los jóvenes de actividades recreativas que favorezcan el desarrollo físico y psíquico (atención, motivación por el logro y el esfuerzo, etc.): aprendizaje de contenidos culturales, interés por el conocimiento, excursionismo, visitas turísticas y culturales, etc.

12. Se intentará evitar que los jóvenes cuenten con mucho tiempo libre sin que dispongan de medios y oportunidades o ideas para llenarlo. Por ejemplo, un modelo de empleo juvenil del tiempo libre son los juegos recreativos, en ocasiones máquinas tragaperras, que pueden desencadenar dependencia al juego o la obtención y necesidad de contar con sumas importantes de dinero.

Ni que decir tiene que, discusiones, aparatos audiovisuales demasiado altos, entusiasmo de los padres por determinadas actividades en el tiempo que los jóvenes deben estar estudiando (partidos de fútbol, viajes, conciertos, etc.) no beneficiarán su tarea.

Pero si algo se encuentra en nuestras manos para que nuestros hijos mejoren en sus estudios, es la posibilidad de permitir entrar en contacto sin traumas con el mundo del conocimiento a lo largo de su tránsito a la vida adulta. Los hijos que escuchan conversaciones interesantes en casa sobre música, literatura, ciencias sociales, programación, despertarán un mayor interés por conseguir los conocimientos necesarios para participar. Muchos de éstos los irán adquiriendo casi sin darse cuenta viendo las solapas de los libros que adornan el salón, abriendo de vez en cuando enciclopedias, o si su madre comenta el contexto histórico de una película de guerra. Por el contrario, unos niños que para estudiar deben confinarse en un mundo de libros y profesores que no tiene nada que ver con el vocabulario, las emociones y los contenidos que dominan la realidad de su hogar, hallarán mayores dificultades para interesarse y comprender las materias y su finalidad.

Si queremos que nuestros hijos estudien, comencemos por estudiar nosotros. No es necesario abrir matrícula en la universidad, tan sólo transmitir esa actitud de estar continuamente aprendiendo, preguntándonos el porqué y la historia de los fenómenos circundantes, dispuestos a abrir un libro y a sorprendernos con cada una de las partes del mundo que vamos descubriendo: cómo se hace la música, cómo comprender una obra de arte, cuál es la historia y religión de una determinada etnia, cómo funciona una locomotora, o qué productos químicos se incluyen en una sopa de sobre.

4.2. La importancia de aprender a leer

Normalmente pensamos de tres a cinco veces más rápido que leemos, de ahí la tendencia a divagar y a perder la concentración mientras se está estudiando. Con vistas a un mayor rendimiento académico, debe reaprenderse a leer para que la lectura sea más rápida y efectiva.

El origen de la falta de velocidad, atención y concentración en la lectura se produce por tres motivos que deben aprenderse a evitar:

- *Leer palabra por palabra:* es mejor que evitar artículos y preposiciones, ir a saltos y no mover los labios.
- *La subvocalización:* es mejor leer concatenando frases.
- *La regresión:* cuando leemos palabra por palabra, sílaba por sílaba, tendemos a dirigir los ojos constantemente hacia atrás para reconsiderar el sentido.

Por el contrario, si se lee por bloques sin subvocalización ni regresión, poniendo mayor atención en la primera parte del párrafo y en la última, leer será mucho más cómodo y rápido.

Debe cuidarse la salud de los ojos, descansar cerrándolos o mirando de vez en cuando a la lejanía. Debemos mover los ojos con suavidad cuando leemos y utilizar una iluminación indirecta pero suficiente. La salud de los ojos es esencial en el rendimiento escolar, por eso es aconsejable que los estudiantes realicen revisiones periódicas.

Utilizar un lapicero para señalar lo que se lee elimina la regresión, amplia la atención, ayuda a la concatenación de frases y, con todo ello, a la concentración y a la velocidad lectora. También con el subrayado incrementamos la atención sobre las ideas fundamentales.

Para aumentar la comprensión, el estudiante debe preguntarse qué es lo que se pretende que aprenda con cada tema, destacar las ideas importantes e intentar tomar notas resumen de todo lo que lea, haciendo fichas que ayudarán a que ese libro forme parte de sus conocimientos para siempre, sólo con repasar. Si se leen las fichas antes de cada clase, se obtendrá un repaso sin esfuerzo, y el refuerzo de comprobar que se está aprendiendo bien, que se es capaz de aprender lo que posteriormente explicará el profesor. Por otro lado, podrán aprovecharse las clases para preguntar las dudas.

Existen psicólogos que consideran que la mejor forma de hacer las fichas es por medio de «mapas mentales», es decir, no apuntando linealmente los contenidos, lo que dificultaría la memorización, sino de la misma manera que si fuésemos un ordenador: en forma de red. De la idea central saldrán ramificaciones con las ideas secundarias, y de éstas, las ideas importantes pero terciarias o subideas, relacionadas indirectamente con la idea principal. No olvidemos que los ordenadores almacenan la información en una lógica muy semejante a como lo hace el cerebro.

Para leer y aprender con mayor facilidad nuestros apuntes conviene escribir con claridad las ideas principales de una clase, no todo el discurso. Conviene comenzar a crear un sistema propio de abreviaturas que ayuden en la tarea, p.e. (por ejemplo), Adm. (administración), –ción (c/). Es una buena idea comenzar por las abreviaturas comunes, cuyo significado se explica al principio de libros y enciclopedias, o en manuales de abreviaturas y, por supuesto, utilizar siempre los mismos criterios.

4.3. Cómo planificar el estudio

Aprender a controlar el tiempo es controlar la propia vida. El secreto para conseguir todas las metas consiste en la sistematización del tiempo.

Todos disponemos de 24 horas cada día. Lo que diferencia a un genio de una persona normal no es tan sólo la parte que aprovecha de su mente, sino, además, cómo organiza su tiempo.

Un conocido cantante, que además de ser doctor en ciencias sociales, es productor de cine, director del departamento universitario de comunicación de mi universidad, gran deportista y padre de familia, me comentaba que había notado cierta animadversión por parte de algunos compañeros que no llegaban a comprender su secreto. Hacer muchas cosas y todas ellas gratificantes no parece sencillo, pero sí lo es dejar de vivir al compás de los otros, al ritmo de deseos y envidias, para planificar nuestro propio destino.

Si bien es cierto que hacer demasiado puede llevar a que algunas cosas no se hagan adecuadamente, con toda la calma necesaria, también es verdad que muchas personas descubren el arte de planificar, que supone no perder el tiempo, seleccionar más las actividades, compañías y tareas que acompañarán nuestro tiempo, así como las que no interesan. Supone sobre todo no estar nervioso y estresado con lo que se debe hacer y no se hace, y por el contrario disfrutar con aquello que hemos destinado en cada momento.

En una buena planificación es importante acabar todo lo que se empieza (lo que liberará energía del cerebro para poder pensar en un asunto nuevo). El orden en los apuntes, la habitación de estudio y el escritorio favorecerá el orden también en los pensamientos. Esta es una forma de conseguir «despejar» la mente de asuntos ya finalizados, y evitar la sensación de fatiga o desánimo y la pérdida de tiempo hasta que todo está en su sitio, o se encuentran los apuntes, un libro o un material. Lo ideal será que sólo se encuentren en el escritorio los materiales pendientes de estudio, y que se vayan archivando las materias superadas, o las que se habrán de estudiar en otro momento del curso.

Cada día se confeccionará una lista de temas pendientes comenzando por las más importantes o urgentes. Ésta se irá tachando y los «deberes» no ocuparán espacio innecesario en la mente, dejando paso al surgimiento de nuevas ideas. No es este un asunto banal. De hecho, en investigaciones realizadas en el ámbito de la Psicología Social, como las clásicas de Kurt Kewin, se demostró que el cerebro, cuando debe realizar una tarea, genera una tensión que no se libera hasta que se ha finalizado tal tarea. Si ésta no se acaba, persiste la tensión, contribuyendo a la fatiga, el estrés y la imposibilidad de iniciar tranquila y libremente otros trabajos.

No se ha de pretender dominar de golpe las materias que resultan más difíciles, sino por el contrario se empezará siempre por el lugar más sencillo de cada materia. Y puesto que empezar es lo más difícil, una vez que se supera el primer paso todo va desenvolviéndose de forma más sencilla, mejorando nuestros sentimientos hacia la tarea.

Frente a un problema, una redacción, debe empezarse escribiendo las primeras ideas, liberando espacio de la mente para que lleguen otras nuevas, para más adelante estructurar los contenidos dentro de los parámetros que debe cumplir un buen trabajo (introducción, desarrollo, conclusión, si es un trabajo de clase, introducción, marco teórico, metodología, etc. si es una investigación). Es importante conocer que cada tipo de documento escrito tiene unas normas y que existen manuales para las diferentes edades, que pueden ayudar a que en adelante los trabajos de nuestros hijos y alumnos sean casi perfectos.

Se actuará igual en los exámenes, comenzando por lo más fácil y anotando las ideas que vayan llegando sobre cualquiera de los apartados a desarrollar.

Dice el Doctor Lair (97:102) que aprender es sobrellevar la sensación de confusión previa, aprender a aprender es convivir con la confusión, para llegar a superarla. El secreto:

Fraccionar las materias y, nuevamente, empezar por lo más fácil.

Por ejemplo, ordenar y adecentar la biblioteca es un trabajo que siempre suele posponerse. Si cada día nos proponemos ordenar una balda, o colocar los libros de una asignatura concreta, no sólo conseguiremos nuestro objetivo, sino que además tendremos una idea más clara de las fuentes de las que disponemos y qué trabajos podríamos desarrollar con ellas. ¡Esto mismo sucede con el estudio!

Hacer un horario con las actividades cotidianas, tiempo diario de estudio y tiempo libre, para encontrar la forma más efectiva de planificarlos. Luego clasificar las tareas, en las categorías A, B y C. A) aquellas tareas que hay que desarrollar en un periodo de tiempo muy corto, B) en un plazo intermedio, C) las que pueden esperar un plazo más largo.

Al organizar la sesión de trabajo debe tenerse en cuenta el grado de dificultad de la asignatura, empezando por las más difíciles y continuando con las más sencillas, ya que con el paso del tiempo nos sentiremos más cansados. Dedicar un tiempo diario a cada materia.

Intercalar pequeños descansos de cinco minutos. Dormir entre siete y nueve horas. Para que el sueño sea reparador: evitar pensar en problemas, suprimir o reducir las bebidas excitantes y gaseosas, cenar poco, etc., mantener una adecuada higiene dental y de las fosas nasales, ejercicios de relajación y, por último, ejercicio físico (pero no inmediatamente antes de acostarse).

Cuanto más se memoriza menos cuesta hacerlo, de ahí la importancia de comenzar sin vacilación. Saber estudiar equivale a conocer las técnicas del trabajo intelectual que ayudan a comprender, asimilar, retener una información, relacionarla con conocimientos afines y utilizarla convenientemente.

Recordamos aquello que nos motiva, y en lo que ponemos atención; sin motivación no existe atención ni aprendizaje. Por esta razón, antes de preocuparnos del estado de la memoria, analizar cómo está la motivación, y si no se encuentra, comenzar poco a poco, buscando la utilidad de lo que aprendemos y de esta manera irá llegando.

Conviene hacer una primera lectura rápida de los títulos y subtítulos, luego otra segunda detenida, en la que se diferencian las ideas primarias de las secundarias, se subraya y se hace un esquema. Finalmente, el resumen es el desarrollo del esquema, y suele coincidir con la información que se pide en los exámenes.

Los repasos deben realizarse a las veinticuatro horas siguientes, a la semana y al mes siguiente de haber estudiado un tema por primera vez. La mejor forma de repasar es hacerlo poco a poco. Es preferible repasar tres asignaturas cada día, antes que toda una asignatura, ya que se vence el aburrimiento y se aprende más si se divide el repaso en partes pequeñas, en donde hay más principios y finales que se retienen mejor en la memoria.

Por otro lado, es preciso destacar que la principal desventaja de las técnicas mnemotécnicas consiste en que éstas pueden ser tan difíciles de recordar como los conceptos que encierran. Es preferible buscar siglas, frases, rimas, canciones o imágenes más asociadas a los conceptos que queremos recordar. Utilizar la imaginación para visualizar lo que se estudia (y sólo para datos concretos reglas memorísticas sofisticadas), es el mejor método para no olvidar lo estudiado.

Tomar apuntes ayuda al alumno a seguir el hilo conductor de la explicación, implica copiar aquellos conocimientos nuevos más importantes y los que no se encuentran en los libros. Debe insistirse en leer previamente el tema que se va a dar el día siguiente en clase, máxime si es de repaso, lo que aumentará la atención en el aula y la retentiva.

Hay que conocer el propio ritmo de trabajo, las posibilidades y limitaciones, los momentos de mayor concentración, y marcarse retos uno mismo, nunca comparándose con los demás.

Como ya se ha mencionado, acostarse recordando la lección que acabamos de repasar es la mejor forma de memorizarla con menos esfuerzo. Si se repasan las fichas-resumen antes de dormir, se recordará con mayor facilidad el conjunto del temario, adoptándose una perspectiva global de los conocimientos.

Hacer el papel de profesor con los compañeros y esforzarse para que comprendan las explicaciones, intercambiar opiniones, dudas y estrategias, estudiar en equipo, si ello no se convierte en una pérdida de tiempo, es otra buena manera de no olvidar.

De lo que «se hace» se aprende nada menos que el 90%, por ello es muy aconsejable llevar a la práctica lo que se va leyendo: hacer fichas resumen de todo lo estudiado y repasar con dichas fichas, ya que otra parte fundamental de apoyo a la memoria es la repetición.

El entorno también incide en el rendimiento académico. El alumno debe valorar las técnicas y el lugar de estudio para facilitar el aprendizaje sabiendo que es importante:

– Disponer de un sitio para estudiar, habitación y mesa propia, iluminación y temperatura adecuadas.
– Ventilación diaria.
– El orden en los libros y materiales.
– Evitar ruidos y distracciones para facilitar la concentración, y si el silencio no es posible, la música suave, a ser posible barroca o cualquier otra que te relaje, puede favorecer el estudio.

Hay que estudiar con todo el cerebro, en perfecta colaboración del hemisferio cerebral izquierdo con el derecho. Sin embargo, conocer nuestro «lado fuerte» nos ayudará a emplear menos tiempo estudiando y a afianzar más lo aprendido. Por ello es de interés descubrir cuál es el modo de aprender de cada uno. Si se memoriza sobre todo lo que se ve, se debe sentar en las sillas de la parte delantera en el aula, utilizar fotografías como apoyo al estudio, subrayar en varios colores, intentar dibujar los contenidos. Si se es *auditivo*, es bueno también sentarse donde pueda oír bien al profesor, intentar memorizar entonando, enfatizando, repitiendo la lección, poniendo música o rima. Si se es *cinestésico*, conviene contar con profesores que gesticulen, caminen por el aula y que le hagan participar, escribir y ejemplificar las lecciones.

Por último, y recordando los apartados dedicados a la memoria y la retentiva, debe tenerse en cuenta que:

- Es conveniente aplicar el mayor número de asociaciones posibles, pues lleva a los alumnos con mejor base a estudiar con menos dificultades. Cuantas más relaciones puedan establecerse entre la nueva información y los conocimientos previos, más capacidad tendremos para recordar. Cuanto más se sabe más fácil es aprender.
- Al igual que tendemos a recordar el nombre que empieza una lista (efecto supremacía), el que lo cierra (efecto ultimidad), y aquel que destaca por cualquier aspecto, recordaremos mejor todo cuanto resaltemos, los inicios y las conclusiones. Por ello, el fraccionamiento de los contenidos vuelve a ser una buena técnica de memorización.
- La repetición, es decir el repaso, y no la repetición inconsciente, es el gran secreto del aprendizaje.
- Otros recursos para favorecer la memoria son, por ejemplo, utilizar movimiento en la visualización y memorización, colores, intentar vincular las materias con lo emocional o afectivo (músicos, pintores, amigos, preferidos).
- La exageración es otra buena técnica mnemotécnica, así como poner ritmo y rima a los contenidos.
- Por último, enmarcar el tema que vamos a aprender, darle un contexto en relación con otras materias.

4.4. Estrategias para mejorar el rendimiento escolar

El ser humano no tiene sólo una, sino siete formas como mínimo de manifestar su inteligencia. Quiere esto decir que las antiguas pruebas que sólo evaluaban una o varias facetas de ésta no son suficientes, y no sólo eso. Las acciones para mejorar la inteligencia general en sus diferentes modalidades son muy variadas y aportarán una mayor capacidad para entender, aprender y superar cualquier prueba:

La *inteligencia lingüística* es la facilidad para comunicarnos mediante palabras, que se desarrolla con la lectura y la adquisición de nuevas expresiones en nuestro vocabulario. Para su desarrollo será una buena práctica redactar, ya sean cartas, un diario, trabajos de clase con la mayor precisión en las palabras empleadas e intentando evitar su repetición. Se aconseja la realización de crucigramas y «sopas de letras», intentar leer el periódico casi todos los días, máxime antes de presentarse a exámenes como los de acceso a la universidad para mayores de 25 años, lo que ahondará en el grado de madurez expresiva, y en cualquier caso contribuirá a encontrar mayor sentido a todo lo que se estudia.

La *inteligencia matemática* es la facilidad para comunicarse por medio de números y razonamiento lógico. Para ejercitarlo será de utilidad la práctica de tests matemáticos, juegos que requieran habilidades numéricas y el ejercicio de problemas. También conviene intentar realizar mentalmente las operaciones diarias (compras, cálculos domésticos) y no sólo por medio de la calculadora. Si quiere que sus hijos desarrollen esta faceta haga que sean ellos los que le resuelvan sus pequeños cálculos.

La *inteligencia intrapersonal* es la facilidad para comunicarnos con nosotros mismos. Para desarrollar una inteligencia intrapersonal sana conviene que pensemos en positivo[9]. Los resultados son el fruto de las creencias que tiene uno mismo en su interior: «Si tu cerebro alberga el éxito, lo alcanzarás, si tu cerebro almacena desgracias, eso es lo que encontrarás en el mundo, si tienes amor, recibirás amor, el odio será para quien sienta odio» (Lair, 97:81).

La *inteligencia interpersonal* es la facilidad para comunicarnos con otras personas. La *inteligencia espacial* se refiere a la capacidad para comunicarnos por medio de formas y de orientarnos. La *corporal*, por su parte, hace alusión a la facilidad para comunicarnos por medio de expresiones corporales; y por último, la *emocional*, a la capacidad de hacerlo a través de la comunicación de nuestras emociones.

A continuación daremos algunos consejos sobre cómo estudiar, o enseñar a estudiar en las áreas básicas de la formación del estudiante: el área del lenguaje y la literatura, de las ciencias sociales, de las matemáticas, de la física y la química.

9. Léase el poema del segundo ejercicio en el capítulo 1.

Área del lenguaje
Expresión oral

El estudio de la lengua y la comunicación nos lleva a abordar diferentes campos: literatura, idiomas, filología, etc. Estudiar una lengua es enfrentarse a formas ordenadas de expresión, aprender unas normas que se han ido creando e imponiendo a lo largo del tiempo. En cuanto a la comunicación verbal, hay que tener en cuenta cómo se expone oralmente un tema, ya sea para una exposición en clase o para superar exámenes con este carácter.

Para hacer una buena exposición hay que elegir un tema, sobre el cual uno debe documentarse, elaborar un guión (introducción, cuerpo y conclusión) y preparar, si es posible, un debate para hablar sobre el mismo, estableciéndose turnos de preguntas y respuestas con conclusiones finales. Todo ello ha de exponerse con orden, claridad y precisión, para que los que van a escucharnos entiendan lo que queremos decirles. Es más importante recordar dos buenas ideas, enunciarlas con claridad e ilustrarlas con acierto, que intentar decir mucho, recordar mucho pero expresarse de forma farragosa y poco esquemática.

Expresión escrita

El alumno/a habrá de hacer, a lo largo de su «vida estudiantil», muchos ejercicios relacionados con la lengua escrita. Conocer cuanto antes las reglas y pasos para una correcta redacción le garantizará el éxito, y no sólo en las asignaturas relacionadas con la lengua, sino en todas las pruebas, que alcanzarán una mayor legibilidad y calidad.

1. *Dominio de la ortografía.* Deben tenerse en cuenta las reglas de puntuación, acentuación y escritura del vocabulario de la lengua. Se aconseja visitar el diccionario tantas veces como se tengan dudas, leer todo tipo de libros, periódicos y revistas que se consideren oportunos y de forma habitual. Pero, sobre todo, reiterar ejercicios de ortografía, bien con publicaciones al efecto, bien contando con el ordenador, que nos indicará el número de faltas cometidas en un ejercicio.

2. *Mejora del léxico.* La riqueza de vocabulario permite comprender mejor las lecciones, las explicaciones y dar a los exámenes un aspecto más preciso. Para dominar el vocabulario es también aconsejable la

lectura sin tregua, la búsqueda en el diccionario de los términos desconocidos, juegos de ordenador que tengan como base la riqueza del vocabulario, crucigramas y sopa de letras, como ya se ha dicho.

3. *Dominio de la gramática y de la sintaxis.* Es una habilidad insustituible, de utilidad a la hora de entregar trabajos de redacción en los exámenes y en cualquier prueba que pretenda valorar la madurez expresiva del alumno.

4. *Dominio de las distintas formas de expresión escrita* que con mayor frecuencia se emplean en la educación. A continuación apuntamos algunos consejos para realizar con éxito algunas de ellas:

a) Descripción:

1. Observar de forma minuciosa todos los elementos que se van a describir, seleccionar los detalles más significativos, resaltándolos de la manera que se crea más conveniente.
2. Realizar un esquema de la descripción.
3. Escribir con claridad y de forma concisa.
4. Revisar lo que se ha escrito, de acuerdo con los puntos 4, 5, y 6 que se analizarán en el apartado dedicado a la narración.

b) Narración:

1. Hay que seleccionar una idea, una historia y unos personajes enmarcándolos social y geográficamente en un ambiente y unos hechos.
2. Esquematizar el contenido de la narración, con una introducción sugestiva, una trama legible y un desenlace lo más ingenioso posible. Entonces se escribe lo que será la narración a grandes rasgos.
3. Buscar la forma de interesar al lector utilizando para ello los numerosos recursos expresivos, como diálogos, descripción de ambientes, olores y personajes.
4. Leer y corregir lo escrito, expresando cada frase de la mejor forma posible.
5. Escribir de forma definitiva el texto cuando, después de leerlo por última vez, no consideremos que deben modificarse más aspectos.

c) Redacción:

1. Localizar y apilar toda la información que tenemos sobre el tema y posibles fuentes para su ampliación (enciclopedias, diccionarios, libros, bibliotecas, hemerotecas, Internet, etc.).

2. Leer toda la información.
3. Elaborar un primer índice, con posibles títulos y subtítulos.
4. Completar cada uno de los subtítulos correspondientes con una información elaborada a partir de nuestras fuentes.
5. Se utilizará una forma impersonal, lenguaje sencillo, preciso pero con un vocabulario variado y sin redundancias.
6. Revisar y corregir los escritos, cuidando que la extensión de cada uno de los subtítulos sea proporcionada, y en el caso de quedar alguna unidad demasiado amplia dividirla en dos.

Si queremos ayudar a nuestros hijos en los estudios será de interés corregir sus escritos antes de que sean entregados a los profesores o dejar que otro adulto lo haga, resaltando las lagunas o faltas ortográficas y de redacción en las que incurren sin saberlo.

Los universitarios deberán ajustarse al formato y estilo del escrito exigido (ensayo, comentario de texto, investigación), aprendiendo a citar, parafrasear, documentar, etc. Para lo cual existen muchos manuales específicos.

Idiomas

Los aspectos fundamentales para el dominio de otras lenguas son la gramática y el vocabulario. La forma más común de mantener ambos en la memoria es el estudio gradual y la comparación con la gramática y el vocabulario español.

Así, una regla mnemotécnica muy recomendada para el aprendizaje del vocabulario en otro idioma es partir de lo conocido (el español) para llegar a lo desconocido (el otro idioma) por medio de palabras intermedias que sugieren la equivalencia. Por ejemplo, para el caso del inglés pueden establecerse asociaciones del tipo:

Español	Intermediarios	Inglés
Abatimiento	Depresión	DEPRESSION
Acabar	Finalizar	TO FINISH
Aceptable	Pasable	PASSABLE
Acerca de	Concerniente a	CONCERNING
Cansado	Estirarse	TO TIRED
Ladrón	Roba	TO ROBBER
Profesor	Te hace reír	TEACHER

Además los juegos de ordenador para practicar idiomas, los cursos multimedia que incluyen pronunciación y respuesta interactivas, son buenas herramientas que hacen más entretenido y económico el estudio.

Área de las ciencias sociales

El aspecto que más preocupa a los estudiantes en esta área, sobre todo en lo que a la historia y la geografía se refiere, es la necesidad de memorización. Sin embargo, son materias que por su contenido pueden llegar a tener (gracias a su relación con el pasado de un pueblo, con el mundo de los viajes, del cine o la literatura) gran interés para los jóvenes.

Para superarlas serán de ayuda las reglas mnemotécnicas prácticas ya estudiadas, la asimilación de los acontecimientos en las propias palabras y conceptos del alumno, y la realización de cuadros, resúmenes, mapas, fichas, esquemas, mapas cronológicos, etc., pero fundamentalmente comprender su vertiente humana, utilizar para avivar el interés su parte de aventura y de instrumento imprescindible para comprender las noticias y nuestra realidad actual. Entender que él mismo es resultado, como todo lo que nos rodea, de un proceso histórico, que otras personas como él vivieron y habitaron lugares que visitamos y vivimos. Otra forma eficaz es imaginar cómo estaría en un tiempo histórico determinado, que es un instrumento lúdico muy útil porque le hace sentirse protagonista.

Serán de gran ayuda las guías turísticas, documentales, reportajes fotográficos, películas, los libros de viajes y los viajes culturales en el caso de que esto sea posible, o la proyección de un viaje imaginario que podrá hacerse realidad en el futuro, y que estimulan tanto el interés por el conocimiento, como el éxito en los estudios.

El área de literatura

La literatura abrirá las puertas al alumno, no sólo del gusto y de la historia literaria de la humanidad, sino que además debe relacionarse con la evolución, características, escuelas y zonas de influencia de otras áreas de estudio como la filosofía, el arte, la historia... produciéndose un doble efecto para la memorización y la adquisición del conocimiento. Por un lado el que se deriva de la adquisición de nuevos contenidos sobre la base de otros adquiridos; pero también por el efecto de proximidad y motivación que ejerce la narrativa.

La creación propia es otro recurso de gran importancia para adquirir motivación, comprensión de la materia y gusto literario. La mejor forma de valorar y recordar las normas del soneto, por ejemplo, es intentar componerlo. Asimismo, nos permitirá vivir el lado útil y estético de la lengua como un todo conjunto con la creación literaria. Porque como ya ha quedado dicho, la mejor forma de adquirir conocimientos es comprender su utilidad y ponerlos en práctica en la vida cotidiana.

El área de las matemáticas

Los problemas con las matemáticas comienzan cuando en la base y la cimentación previa se cuenta con lagunas, ya que en su estudio es imprescindible que cada paso o avance se fundamente en el dominio del anterior. La forma de corregirlos es solventar dichas dificultades por medio de una recuperación personalizada de los fallos en operaciones básicas, empleando un profesor particular, o de programas didácticos de autoayuda, bien para ordenador, bien de educación a distancia o libros de autoinstrucción (matemáticas fáciles, p.e.), etc.

Para facilitar el estudio de las matemáticas se aconseja, en primer lugar, comprender el contenido de cada tema por completo, procediendo a su lectura de forma tranquila y consciente. Deberá elegirse un momento del día en el que no haga su aparición el cansancio y el estudiante se encuentre con la cabeza despejada. Si se descubre algún fallo habrá que volver a revisar la exactitud de los conocimientos adquiridos.

En segundo lugar, deberá utilizarse siempre papel y lápiz, desarrollando con ellos cada uno de los pasos de la explicación que se ha recibido en clase, o bien en los libros de texto. Para comprender mejor la lógica matemática es interesante visualizar por medio de figuras geométricas, gráficos o esquemas que ayuden a vislumbrar la respuesta con mayor facilidad.

En tercer lugar, para el correcto asentamiento de los conocimientos adquiridos, es importante repetir las más veces posibles lo aprendido, con nuevos ejercicios o situaciones, hasta estar seguros de ser capaces de resolver problemas similares con cualquier enunciado y ante cualquier situación en la vida real o en la clase.

Por último, la verbalización del tema, explicándoselo a otro compañero real o imaginario, permite confirmar nuestros conocimientos, ya que nada se aprende hasta que no somos capaces de enseñarlo.

Para una mayor habilidad con los números y para superar la aversión a las matemáticas y otras disciplinas, se aconseja:

- Leer atenta y minuciosamente el tema antes de enfrentarse a la resolución.
- Ir paso a paso, de lo más sencillo a lo más difícil, comenzar pensando qué es fácil, interpretando cada una de las partes.
- Procurar visualizar los ejercicios y ejemplos (también es válido para la historia).
- Reformular el planteamiento de forma ordenada y clara.
- Practicar la exclusión, o ensayo error, que aproxima a la respuesta acertada.
- Por último, intentar seguir estos cuatro pasos para resolver todos los problemas.

Área de las ciencias físicas y químicas

Resulta de utilidad la observación directa de los temas en la vida real. La experimentación y la reproducción de los fenómenos en el laboratorio, construcción de experimentos, artilugios y modelos. Si está en nuestras manos es de interés que los jóvenes colaboren en el arreglo de aparatos del hogar, el automóvil o el jardín. Las pautas a seguir para realizar los problemas son las mismas que las enunciadas para las matemáticas.

Área de las ciencias naturales

Para la mayor motivación y comprensión de esta materia se recomienda el contacto con la naturaleza y la observación, por medio de balanzas, microscopios o directamente, coleccionando elementos naturales como vegetales o minerales, participando en las labores de jardinería o agricultura. Es importante acostumbrarles a leer y a desarrollar ellos mismos las gráficas y clasificaciones. Serán de ayuda los juegos con estas temáticas.

La utilización del ordenador

Si la informática puede tratarse de una asignatura más que superar, también puede constituir una gran ayuda para la elaboración de trabajos, fichas, transcripción de apuntes, consulta rápida de diccionarios y enciclopedias multimedia. Puede ayudarnos a repasar asignaturas, a introducir al estudiante en materias que le son hostiles, pero también, y esto no puede soslayarse, instalarse en el hogar como un enemigo irreductible del estudio. Sobre todo, cuando se tienen pocas nociones y se pierde el tiempo en intentos fallidos, o directamente con juegos poco didácticos, correspondencia o «navegando sin rumbo» por Internet.

Deben diferenciarse los ordenadores como herramienta de trabajo de videoconsolas y juegos de ordenador, nada recomendables en lo que al rendimiento escolar se refiere, por tratarse de juegos sedentarios, solitarios (que no favorecen la salud física ni la sociabilidad de los jóvenes), y que inciden en el cansancio mental, visual y físico, dificultando o sustituyendo el tiempo y energía destinados al estudio.

Nuestro interés será el que el ordenador familiar, por medio de ciertos programas didácticos, pueda emplearse para el estudio y repaso de la práctica totalidad de las materias, convirtiéndose en un potente motivador del trabajo escolar y un instrumento a tener en cuenta en los casos de dificultades escolares.

Programas para el estudio de idiomas, mecanografía, estadística o matemáticas financieras y contabilidad, pueden ayudar sobremanera a salvar asignaturas que en ocasiones no quedan suficientemente claras, o en otras que, a pesar de su necesidad, no se incluyen en el sistema educativo, como la mecanografía, la ofimática, las hojas de cálculo, etc.

Para comprobar su utilidad, a continuación se introduce un ejemplo de contenidos de un ordenador infantil de carácter didáctico:

JUEGOS DE PALABRAS

1. Anónimos.
2. Sinónimos.
3. Corrección de palabras.
4. La palabra fantasma (desaparece y luego se escribe, para desarrollar la atención, la memoria).
5. Verbos.
6. Procesador de lengua.
7. La frase loca (haces una frase con las letras dadas).
8. Palabras cruzadas (crucigrama).
9. Sopa letras.
10. Control.
11. Plurales en inglés.
12. Verbos en inglés.

JUEGOS DE NÚMEROS

1. Sumar.
2. Restar.
3. Multiplicación.
4. División.
5. Fracciones.
6. Ecuaciones.
7. Decimales.
8. Porcentajes.
9. Problemas.
10. Álgebra loca.

TRIVIAL

1. Seguridad Social (preguntas cultura).
2. Descubrimientos.
3. Ciencias.
4. Historia.
5. Geografía.

JUEGOS DE LÓGICA

1. La gran evasión (liberar un cuadrado grande).
2. Senderismo (hacer un sendero con flechas).
3. Platillos volantes (que se trasladan de poste a poste).
4. Circuito (correcaminos).
5. Azulejos mágicos (capturar los azulejos correctos).

OFICINA PERSONAL

1. Procesador de texto.
2. Mecanografía.
3. Basic.
4. Calendario.
5. Agenda.
6. Listín telefónico.
7. Calculadora.
8. Traductor de inglés.

Por otra parte, los juegos educativos para ordenador combinan las ventajas del ocio electrónico con la introducción de conceptos y el repaso de distintas disciplinas a través de un *software* amable para el alumno.

Para el aprendizaje de las matemáticas y el lenguaje, existe un personaje creado por la compañía francesa Ubi Soft, tanto para PC como para consola, con títulos como matemáticas y lenguaje con Rayman. Este juego combina plataformas y acción, e incluye contenidos didácticos elementales para ambas asignaturas. Contiene más de 600 preguntas diseñadas por psicólogos y pedagogos que los jugadores responderán en la búsqueda del «libro de la sabiduría» que el hechicero Dark ha robado y esparcido en fragmentos por el mundo. Está indicado para niños con edades comprendidas entre seis y nueve años. Las tutorías se realizan a través de una web, donde el alumno puede enviar sus dudas si no sabe cómo avanzar en cualquier momento del juego.

Para el aprendizaje de las matemáticas, juegos como Tim 7 de Anaya Interactiva son de gran utilidad. Consta de cuatro discos compactos y está dirigido a estudiantes de nueve o diez años aproximadamente. La presentación es semejante a la de cualquier producción de dibujos animados.

El inglés con Rayman está pensado para niños y niñas de edades comprendidas entre nueve y trece años, a través del cual repasan el idioma en distintos ambientes. Contiene tres niveles, uno de inicio y dos avanzados, apoyados en los juegos tradicionales de Rayman que resultan muy atractivos para los niños. Se manejan 8.000 palabras de léxico, e incorpora información sobre la cultura anglosajona, poniendo un gran énfasis en la pronunciación y la comprensión oral.

Para el estudio de las ciencias naturales, sociales y hasta 10 áreas de contenidos, contamos, entre otros, con el juego «La primera aventura de Gordi», en el que el estudiante aprenderá las partes del cuerpo, los animales, etc. Es muy sencilla y pensada en el uso sin dificultad de niños desde dos hasta seis años. El juego incluye un seguimiento de control paterno, que permite a los padres comprobar los progresos que realiza.

Anaya Multimedia permite el descubrimiento del método científico gracias al viaje por su Parque Galáctico, donde podrá aprender de sus fallos mediante el procedimiento del ensayo y error. Pero si el verdadero interés consiste en aprender disciplinas concretas como la astrología, Cibal Multimedia tiene un juego en que podrán descubrir la luna, las constelaciones del sistema solar, y otros conceptos con el Universo de Pipo. Si la necesidad es el aprendizaje de la geografía, Geografía con Pipo protagoniza un divertido recorrido por las zonas más representativas del mundo, los accidentes geográficos, las fronteras de los países, etc. Para la iniciación en la mitología griega, Las aventuras de Ulises de Barcelona Multimedia.

Dinamic Kids, I, II y III es una trilogía de juegos educativos de Dinamic Multimedia pensados para que las niñas y niños de tres años en adelante pongan en práctica un número importante de habilidades como la imaginación, la memoria, la lógica o la orientación espacial. Cada juego incluye tres áreas didácticas.

Por último, Zeta multimedia cuenta con dos juegos educativos en CD-ROM: Juega con los Teletubbies y Contar y Agrupar, dirigidos a niños de dos a cuatro años. Repasa conceptos de matemáticas, y estimula la creatividad y el lenguaje entre otras habilidades.

Por último, es conveniente que los padres y educadores conozcan en su localidad todas las instituciones de apoyo al estudio, como fuentes de información sobre ayudas y recursos, y frente a eventuales problemas escolares:

- Bibliotecas públicas y privadas.
- Centros culturales y de la juventud.
- Academias e instalaciones deportivas.
- Recursos para la participación activa en general (escuelas de ocio, participación sociocultural, talleres, asociaciones deportivas, culturales, de autoayuda, etc.).
- Departamento de orientación en la educación secundaria.
- Lugar y horario de atención del tutor del centro que comunicará los problemas al equipo interdisciplinar del sector en la educación primaria.
- Departamento de orientación en la educación secundaria.
- Escuelas de padres (ayuntamientos, centros culturales y asociaciones de vecinos).
- Asociaciones de padres (permiten participar a los padres de forma activa en el proceso educativo).
- Centros sanitarios de atención primaria y especializada (consulta psicológica, psiquiátrica, médico de cabecera y especialistas y cursos de prevención).
- Servicios sociales de su comunidad, en los ayuntamientos o juntas de distrito.
- Organismos y asociaciones de apoyo para niños con necesidades especiales (superdotados, educación especial, etc.).

4.5. Cómo elegir el mejor colegio

La elección del centro educativo es una tarea difícil y decisiva para el rendimiento y la felicidad de nuestros hijos. Por ello debe escogerse entre las mejores posibilidades atendiendo a nuestro presupuesto, lugar de residencia y preferencias culturales.

Es necesario contar con la información precisa sobre el sistema educativo español, las infraestructuras educativas privadas y públicas, que favorezcan una buena elección, que en España es libre. Para ello le proponemos comparar la oferta educativa antes de tomar una decisión, informándose sobre los centros existentes en su localidad en los organismos destinados al efecto:

- Inspecciones de Educación de su provincia que están emplazadas en la capital de la misma.
- Direcciones provinciales del Ministerio de Educación y Ciencia.
- Delegación o Servicio Territorial de Educación de la Comunidad Autónoma.

Y tener en cuenta una serie de variables como son:

Atendiendo a nuestro presupuesto y las políticas educativas deberemos decidir sobre la preferencia de un colegio público, concertado o privado, y todo ello en relación con otros aspectos fundamentales:

- La calidad del profesorado.
- Proximidad al domicilio y si dispone o no de transporte escolar.
- Dependiendo de nuestras preferencias culturales entre colegios religiosos o seglares, monolingüe o bilingüe.
- De nuestra disponibilidad de tiempo y las necesidades del escolar, con internado, media pensión o sólo las horas lectivas.
- Tipo de instalaciones y actividades extraescolares (piscina, defensa personal, danzas regionales, deportes, música).
- Nivel de exigencia.
- Disponibilidad de profesionales especializados en orientación educativa, psicólogos, educación especial, logopedas, etc.
- Sistema educativo nacional o de otro país.
- Posibilidad de becas parcial o total (para niños de cierta población o nacionalidad, con pocos recursos, etc.).

Los centros públicos son aquellos que se financian con dinero del Estado, una dirección dependiente de las administraciones competentes en materia educativa y personal funcionario. Son de carácter gratuito para los padres, localizándose a lo largo de todo el territorio. Siguen el programa y la normativa oficial y los profesores poseen la titulación adecuada y una oposición que les acredita. En general, si bien el nivel de enseñanza de las lenguas extranjeras no es muy bueno, el número de alumnos por clase es cada vez menor, lo que facilita una atención más personalizada.

Los centros privados pueden ser concertados, si se financian en parte o en su totalidad con dinero público, y no concertados, si lo hacen con dinero privado enteramente.

Los centros concertados son numerosos y durante la enseñanza obligatoria son gratuitos, no siendo así en el caso de los servicios complementarios y las actividades extraescolares. Siguen los programas y la normativa oficial, siendo el nivel de enseñanza de lenguas extranjeras de tipo medio y el número de alumnos por clase algo superior al de los centros públicos. La mayoría de ellos suelen pertenecer a órdenes religiosas.

En los centros privados la enseñanza no es gratuita y su número es inferior al de los públicos y concertados. Se ajustan en mayor o menor medida a los programas y la normativa oficial. En general, la enseñanza de lenguas extranjeras es bastante buena, aunque el promedio de alumnos por clase varía según el centro.

En los colegios monolingües, los más numerosos, las clases se dan en una sola lengua, mientras que en los bilingües, muy escasos, la enseñanza se imparte en dos. En algunos colegios bilingües, el idioma es de carácter selectivo y obligatorio desde una temprana edad. Suelen ser colegios privados (bastante caros), que además de impartir la lengua o lenguas oficiales, imparten el inglés británico o norteamericano, francés, italiano o alemán. La enseñanza que ofrecen del idioma es muy buena, no obstante, tienen carencias en cuanto a los programas españoles. En los programas oficiales se exige que, a partir del tercer curso de Educación Primaria, se aprenda un segundo idioma, que suele ser inglés o francés.

En España existen colegios extranjeros que tienen los dos sistemas (el español y el de su país), mientras que en otros sólo se imparten las enseñanzas de su país de origen, lo que permite una prosecución de los estudios en él, muy apropiado para familias que por el trabajo de los cónyuges frecuentan cambios de residencia. Para ingresar en un colegio bilingüe, pasada la Educación Infantil, se requieren conocimientos previos de la lengua impartida.

La proximidad o lejanía del colegio al domicilio o al lugar de trabajo, es un importante criterio que determina una mayor calidad de vida para la familia, así como una mayor posibilidad de ser admitidos los niños en centros públicos y concertados. En el caso de que no se cumpla dicha condición o disponibilidad horaria por parte de los cónyuges, es importante saber si tiene comedor, transporte escolar y guardería, o actividades extraescolares hasta que la familia pueda pasar a recogerlos.

Es importante elegir un mismo colegio para las tres etapas educativas (Infantil, Primaria, ESO o Bachillerato), puesto que cambiar a menudo de colegio no suele ser muy beneficioso desde el punto de vista educativo y emocional. Cuando el cambio se produce debido al retraso escolar, por falta de integración, interés, mala influencia de los compañeros, etc., la valoración de la conveniencia de dicho cambio debe ser tenida en cuenta de forma conjunta entre los padres, el tutor o orientadora.

Es preciso sobre todo, y como suele hacerse, cambiar impresiones con los padres de los niños que han asistido al mismo colegio, antes de tomar una decisión en firme.

En lo referente a la matriculación de su hijo, en los centros públicos y concertados se pueden distinguir dos fases: la solicitud de plaza y la matriculación. En los centros privados ambas fases se realizan a la vez.

En los colegios públicos y concertados se establece una normativa de admisión muy estricta, no pudiéndose llevar a cabo discriminaciones de ningún género, ni exámenes o pruebas de ingreso.

Conviene ponerse en contacto con el centro mucho antes de que empiece el año escolar, porque las posibilidades de ser admitido en uno que no corresponda a la zona en la que se vive serán mayores.

Los criterios de admisión son los siguientes y por este orden: la renta familiar, la proximidad al domicilio, la existencia de hermanos en el mismo centro, y si el solicitante tiene alguna minusvalía. Según estos criterios se da una puntuación que decidirá su orden para la admisión en el colegio. En el supuesto de que la admisión sea denegada es posible reclamar. Una vez que el niño ha sido admitido en un centro público o concertado, podrá acceder a los diferentes cursos que dé el centro, siempre que haya plazas. En los centros privados este particular se decide en la normativa de admisión propia.

Resumen

1. Disfrute aprendiendo, y despierte en sus hijos el deseo de aprender. Enséñeles a interesarse por el conocimiento, a DISFRUTAR ESTUDIANDO. ¿Cómo?... Haciéndole tomar una actitud activa en todos los momentos que comparta con él o ella, preguntar, investigar, descubrir, durante las vacaciones, los momentos de ocio, mientras vemos la televisión y, finalmente, frente a los libros.

2. Intente que la actitud de sus hijos frente al colegio sea positiva, emitiendo sólo comentarios de esta naturaleza sobre el estudio y el colegio. Intente que el primer día que asista al colegio o al instituto sea un día feliz. Disminuya su ansiedad de ese primer día, en el que además deberá enfrentarse con sus compañeros.

3. Enséñele a encontrar la relación entre los estudios y sus propios intereses, los del joven, no los suyos. Intente que la cultura y el mérito encuentren espacio entre los valores de toda la familia.

4. Enseñe a sus hijos a ser responsables lo más temprano posible, ya que los niños a quienes se ha enseñado a ser responsables en casa, no aprenden a organizar y asumir las consecuencias de sus actos en otros ámbitos.

5. Enséñeles a pensar, escuchándoles con respeto y haciendo que hablen, adoptando una forma de pensar analítica y pragmática para resolver los problemas, e instándoles a que ellos también los resuelvan de este modo.

6. Enséñele a estudiar bien, comenzando por adaptarle al orden de las tareas que se deben realizar en casa, para que se habitúe al ritmo y el orden que exigen las tareas de aprendizaje.

7. Hágale entender que el profesor lo que quiere es aclarar todas las dudas de sus alumnos cuantas veces sea necesario. Una lección no aclarada puede suponer una rémora en sus estudios para siempre.

8. Ser estudiante es una profesión a la que nadie nos enseña, pero sobre la que todos opinan y exigen. Hágale entender que su estudio incumbe y afecta únicamente a él y a su vida. Ni a la vida de los profesores, ni a la de sus compañeros, ni a sus padres. Es el estudiante el que debe responsabilizarse de su propio estudio, usted podrá enseñarle o facilitarle las técnicas de estudio, pero a partir de entonces

depende de él decidir cuándo y cómo estudiar, dónde y a quién pedir ayuda.

9. Entrénele para el estudio como si de un puesto de trabajo se tratase, es decir por medio de tareas que conforman un proceso, con inicio y fin:

a) Tener ordenado el lugar de estudio y con las cosas necesarias siempre a mano.
b) Comenzar a estudiar sin dilación (la demora y las excusas son tretas).
c) Diseñar un plan individual de estudio para una semana y cumplirlo.
d) Subrayar lo importante y hacer esquemas.
e) Emplear técnicas para la correcta atención y registro de lo estudiado en el cerebro.
f) Repasar a final de cada sesión, de cada semana.

10. Hágale participar en actividades que amplíen sus posibilidades de superar los estudios: teatro, museos, películas, lecturas, redacción (de narraciones, un diario), juegos que exijan concentración, destreza mental y/o conocimientos, etc.

Por último, si usted piensa que no tiene nada que aprender, transmitirá esa actitud a su hijo; si teme que su hijo no vaya a ser capaz de superar sus estudios, le trasmitirá desconfianza en vez de autoestima.

5

Cómo superar los exámenes

Objetivo del capítulo: **conocer y perfeccionar todas las pautas que facilitan el buen desarrollo de todo tipo de pruebas y exámenes.**

5.1. Los exámenes escritos

Si al llegar el momento de examinarse se han ejercitado todos los aspectos anteriores para el aprovechamiento del estudio, el alumno se encontrará más relajado. Pero en la mayoría de los casos los estudiantes suelen posponer el «problema del estudio» hasta el día del examen, sintiendo que les ha faltado tiempo, que, en realidad, es la excusa de quien pierde dicho tiempo por falta de convencimiento en lo que hace o de cómo hacerlo.

Hay que intentar que los exámenes se conviertan en una recompensa, en una demostración del esfuerzo realizado, más que en un obstáculo, evitando los atracones de última hora.

Si se han seguido las clases, para evitar el miedo en los exámenes y como se habrán escrito todos los temas en fichas, se elegirán al azar varias de ellas y se harán simulaciones de examen, realizando ejercicios sin mirar el libro. Para exámenes más específicos como los de selectividad en los que la materia es muy amplia, pueden completarse los tests de control de conocimientos que existen en las librerías al efecto.

Es conveniente consultar a otras personas que ya se hayan examinado con el mismo profesor, o que hayan realizado el mismo examen días o un año atrás. Tampoco está de más si se considera que el formador es una persona abierta a este tipo de cuestiones, preguntar qué modelo de preguntas suele hacer y qué detalles le molestan y más penaliza de cometerse en los exámenes. Por ejemplo, ser demasiado esquemático o por el contrario «enrollarse», las faltas de ortografía, etc.

La negociación con el profesor es algo más frecuente de lo que pudiera parecer, y en muchas ocasiones se encuentra detrás de expedientes con la máxima calificación. Por ejemplo, muchos alumnos universitarios, después de obtener un sobresaliente durante el curso, consultan al profesor qué podrían hacer para obtener la matrícula. Estudiantes que han mantenido buen rendimiento durante el curso y necesitan una buena nota para conseguir mantener una beca de estudios pueden preguntar a los profesores si podrían elevar sus calificaciones con un trabajo de la asignatura o volviéndose a presentar en junio o en septiembre.

Durante el examen, cuando no se recuerda algo hay que situarse mentalmente en el contexto en que tuvo lugar la memorización. Respirar contando 1-2-3-4 mientras se aspira y 1-2-3-4 mientras se expira, intentando relajar el cuerpo.

Además, después de estos cuatro primeros, deben seguirse «al pie de la letra» los siguientes pasos:

5. Leer las instrucciones con atención.
6. Distribuir adecuadamente el tiempo disponible.
7. Estudiar las palabras y expresiones de la pregunta antes de comenzar a responderla.
8. Hacerse siempre la pregunta «¿qué es lo que quiere el profesor que sepa de este tema?» y ajustarse a la pregunta exacta, no ampliar aspectos ajenos a la pregunta aunque se quiera demostrar que se saben más cosas. Preguntar al profesor, si es que se tiene alguna duda al respecto y siempre que con ello no se evidencie un desconocimiento importante de la materia.
9. Para relajarse hacer la respiración ya practicada para estudiar.
10. Planificar bien los puntos principales que se quieran incluir en cada respuesta.
11. Vigilar la forma de expresarse, esforzarse para que las frases sean claras, cortas y sencillas.

12. Escribir con letra clara y perfectamente legible.
13. Enumerar cada respuesta y sus distintas secciones y apartados.
14. Llegar siempre con tiempo para no ponerse más nervioso con las prisas, no entrar en las conversaciones típicas de compañeros antes de los exámenes, sobre lo que entra o no entra, sobre lo que «caerá o no caerá», y que sólo aportan confusión y mayor nerviosismo.
15. Llevar más de un bolígrafo y papel suficiente.
16. Escuchar atentamente las instrucciones, y no leer el examen mientras explica el profesor cómo quiere que se realice.
17. Comenzar por las preguntas que mejor se saben.
18. Si es un test, responder a todas las preguntas, siempre que contestar erróneamente no se penalice con puntuaciones negativas. Una norma tan razonable muchas veces no es cumplida por los alumnos incluso cuando el profesor insiste en que se contesten todas sin riesgo para el resultado final.
19. Si el examen es largo llevar unas galletas de cereales, y si se fuma y se permite fumar, intentar sustituir el tabaco por galletas, que evitan el nerviosismo y no obstruyen la oxigenación del cerebro.
20. Aprovechar el tiempo desde el principio y utilizar el sobrante para releer las respuestas y corregir los errores ortográficos.

5.2. Los exámenes orales

El miedo a hablar en público, un mal tan generalizado, puede deberse a diversas razones de carácter psicológico y actitudinal, pero sobre todo suele ser causa de la falta de práctica, generando una gran desconfianza hacia este tipo de pruebas de evaluación, ya que el miedo a la expresión oral aumenta si es para ser evaluado. Sin embargo, en la actualidad, lejos de ser menor su uso, cada vez es más empleado para evaluaciones ordinarias y extraordinarias, defensa de tesis y tesinas, oposiciones, etc. Es por ello preciso tener en cuenta algunas normas básicas para mejorar los resultados de este tipo de pruebas.

En primer lugar conviene ensayar previamente, con la familia, los amigos, o en solitario, imaginando que se está en la clase, frente al tribunal o el profesor.

Se deben desmembrar mentalmente los diferentes pasos que se habrán de recorrer ese día, y después ir visualizando y/o dramatizando cada uno de ellos en estado de relajación, con la respiración 4 × 4 y durante los días anteriores a la prueba. Es aconsejable hacerlo en el momento del día que se esté más relajado, por ejemplo, sobre la cama por las noches. Preparando así los exámenes orales y exposiciones en clase, cuando llegue el momento de ser evaluado, parecerá que se trata de una mera repetición y el nerviosismo disminuirá. También es útil para momentos de máxima tensión una respiración profunda y una expiración en cuatro tiempos, como si se estuviesen bajando los pisos en un ascensor hasta el rellano de la serenidad más apropiada para que la mente funcione adecuadamente.

Es importante tener en cuenta que el control del comportamiento de la mente y el cuerpo por medio de la respiración es de gran interés para que los niños se sientan capaces de dominar las situaciones difíciles de la vida sin demasiados traumas. En definitiva de mayor autocontrol sobre el pensamiento y la conducta.

Un padre, una madre, que se enfrenta a las situaciones difíciles con aceptación y autocontrol, muerte de un familiar, oposiciones, pérdida del empleo, etc. está aportando una enseñanza única para el desarrollo personal de las nuevas generaciones. Aquellos que intentan mostrar ese punto inútil de rebeldía frente a lo inevitable, tomándose una o muchas copas, montando en cólera con todos los de su alrededor, no habrán de extrañarse cuando los jóvenes recurran a las mismas prácticas en la difícil situación que supone el tránsito a la madurez.

Volviendo al problema de las dificultades de las pruebas orales, cuando se trate de una exposición oral conviene grabarlo o hacer que escuche la disertación una tercera persona para comprobar qué partes podrían mejorarse, omitirse, etc., y cuáles son los defectos y «coletillas» que deben eliminarse.

Ya en el examen, es muy importante entender la pregunta, centrar toda la atención en lo que se está preguntando y no pensar en otra cosa, incluido el tribunal. Si no ha sido posible entender la pregunta en la primera ocasión, pedir que la repitan o aclaren.

Después pensar cómo y qué se va a contestar antes de hablar, explicar brevemente lo fundamental de la pregunta de forma esquemática, que mostrará que se sabe de qué hablamos aunque no tengamos tiempo suficiente para terminar, y a partir de ahí puede llevarse a cabo una exposición de forma más detallada.

Lo fundamental es hablar con seguridad, sin titubear; confiando en la capacidad de transmitir lo que se sabe. Si se produce una equivocación hay que rectificar con optimismo, sin miedo.

Es habitual que al principio la mente se quede en blanco, se debe a los nervios y no hay que preocuparse: respirar profundamente, tranquilizarse y así las ideas comenzarán a fluir.

Elaborar antes del examen una lista de frases introductorias, de nexos reafirmantes, con los que pueden introducirse los temas en caso de quedarse en blanco o no saber cómo empezar: en efecto, por supuesto, como ya es sabido, etc.

Por último serán de gran ayuda manuales que nos instruyan en el arte de hablar en público: «colocación de la voz», oratoria, locución, articulación, dicción, etc.

5.3. Las oposiciones

Las oposiciones deben enfrentarse de forma positiva, ya que gracias a ellas el esfuerzo es compensado con una evaluación objetiva, frente a la selección más subjetiva y la recomendación que suele darse en empresas particulares. En éstas, a pesar de todo, todavía es posible hacer pesar los méritos por encima de otras cuestiones y conseguir un puesto de trabajo estable. Hay que vivirlo, por tanto, como una oportunidad, no como una amenaza.

Su preparación supone aprender tanto a memorizar y a ser constante, como a soportar la tensión del examen y el posible fracaso. Es imprescindible contar con una buena memoria y cultivar un espíritu metódico.

Se habrá de establecer un plan de trabajo exigente pero realista, elegir una buena academia, o preparador (preguntar en el Colegio Profesional correspondiente en el caso de los licenciados).

Deberán conocerse y emplearse buenos métodos mnemotécnicos, y conocer los sistemas de ingreso y temarios.

Será de ayuda rodearse de personas que emprendan semejante esfuerzo, que actuarán como grupo de apoyo y paliarán la soledad y el desánimo.

En el contexto de las oposiciones deben diferenciarse tres tipos de pruebas:

– Una oposición propiamente dicha, consistente en la celebración de una o más pruebas de capacidad para determinar la *aptitud* de los aspirantes y fijar el orden de preferencia de éstos en la selección.
– Un concurso, consistente en la calificación de los méritos de los aspirantes y el orden de preferencia en la selección.
– Un concurso-oposición es el proceso mixto en el que se realiza un examen y, una vez superado, se pasa al baremo de los méritos de los aspirantes, para hallar la suma de la puntuación de ambos.

Los requisitos para todas las oposiciones convocadas por la Administración pueden encontrarse en el Boletín Oficial del Estado (BOE) o en el de las comunidades autónomas o locales correspondientes. Para mayor información sobre oposiciones existen varios teléfonos de información administrativa y al opositor en el Ministerio de Administraciones Públicas en el caso español, así como teléfonos de información al ciudadano en las comunidades autónomas y ayuntamientos, en donde podrán además facilitar las fechas de la convocatoria a la que deseemos optar.

5.4. Cuando el resultado de los exámenes no es el esperado

Asimilar los fracasos y concebirlos como un paso hacia el éxito es fundamental para avanzar con paso firme y no desanimarse. Debe hacerse entender a los estudiantes que pocas cosas son las que no tienen remedio, que las dificultades y los fracasos son la escuela de la vida, y que si se ha perdido, no es prudente perder además la lección. No sirve de nada culpabilizarse, pero mucho menos evadir la responsabilidad del producto de nuestras acciones. Pero si aun así se sienten muy afectados y no pueden hacer nada, podemos realizar junto a ellos un informe o «parte de guerra», en el cual dejaremos constancia de los aspectos que se han mejorado y de cuáles otros de la estrategia de estudio y examen conviene tener más en cuenta.

Si aun así el joven llega a angustiarse demasiado es importante hacerle ver que existen otros aspectos importantes en su vida, e instarle a comprobar cómo cada día surgen acontecimientos nuevos que pueden llevarnos a las emociones más dispares y que, por tanto, no conviene amargarse demasiado. Ahora el estudiante se encuentra en una mejor disposición para superar el próximo examen sabiendo en qué aspectos flaquea y cuál es el estilo de control de los conocimientos del profesor. Sortear la injusticia sin demasiadas consecuencias es también una lección, que como la felicidad no se encuentra en ninguna asignatura del sistema educativo, aunque tal vez debieran estarlo.

Si el problema es la indolencia, hay que moverle al compromiso, desarrollar su responsabilidad. Instarle a participar de lo bueno y lo malo. También es cierto que el problema de la infelicidad de muchos jóvenes es la falta de intereses, la indolencia, que les permite sufrir tan poco con las adversidades como disfrutan de las buenas noticias. Esta melancolía rebelde es en muchas ocasiones una postura, un disfraz que le permite al joven reafirmar su autonomía.

Cuando los resultados de las calificaciones son resultado de la dejadez pero el estudiante tiene una verdadera intención de enmienda, éste habrá de consultar al profesor del centro cuáles son las posibilidades para remontar el curso, cuáles son las mayores dificultades o lagunas que ha identificado en los conocimientos adquiridos, haciéndole partícipe de sus ganas de mejorar y aprender. Estos signos de cambio de actitud serán valorados y bienvenidos.

En la universidad, conviene asistir a las horas de tutoría en el despacho del profesor para que éste pueda ofrecernos las pautas a seguir para mejorar o bien, si así él lo decide, observar sobre el examen cuáles son nuestras dificultades. Nunca conviene interrumpir a los profesores en otros momentos de su trabajo, y menos en la cafetería. Debe hacerse siempre con tono positivo, sin reproches. Es importante contemplar la posibilidad de la realización de un trabajo para subir nota o de volver a presentarse a los exámenes de recuperación aunque no se hubiera suspendido. Una buena disposición es muy valorada por los profesores.

No obstante, hay que tener en cuenta que a partir de ese momento en el que se «corresponsabiliza» al profesor de los avances del estudiante, será más notoria su ausencia a una o varias clases, en las que tal vez de otro modo, en especial en las aulas masificadas de algunas universidades, no habría deparado. Asimismo, algunos profesores pueden interpretar como una amenaza, como la puesta en cuestión de su imparcialidad o solvencia a la hora de corregir, si la actitud del alumno es la de exigir una nueva corrección del examen. Conviene dejar claro que lo que queremos es comprobar nuestros puntos débiles, aquello en lo que tendemos a equivocarnos (por ejemplo leer mal las preguntas del examen) y no cuestionar la profesionalidad del profesor.

Al final del curso aún se está a tiempo, con el último repaso, o proponiendo que se realice el mismo, para aclarar las posibles dudas. Este momento es muy importante, ya que el alumno tendrá mayores elementos para asimilar y acumular los conocimientos sobre lo ya aprendido. No debe olvidarse que el repaso es en sí mismo una de las mejores técnicas de estudio.

Cada uno ha de ir a su ritmo e ir realizando poco a poco todas las técnicas de estudio enumeradas. Si la presión familiar es insoportable para el alumno, conviene plantear otros intereses y metas en su vida, hacerle ver que se confía en él, crear un ambiente adecuado y contestar a las dudas que puedan plantearse. En ocasiones también debe instarse a los padres para que relativicen el problema. Sin duda la vida puede acarrear muchas más dificultades que un suspenso de un hijo que está intentando superarse; esto último es lo que debe contar para ellos.

El opositor frustrado

Desde el principio de la preparación de oposiciones debe tenerse en cuenta el posible fracaso. Aceptarlo supone tomar una decisión desde el inicio del estudio y no en los momentos de desilusión profesional posteriores al fallo: bien repetir el mismo examen si se suspende (con mayores facilidades para completar conocimientos), presentarse a otra oposición con los mismos contenidos y un nivel jerárquico menor de las plazas a las que dan acceso, o abandonar las oposiciones después de un número determinado de intentos.

A partir de este momento, puede pensarse en el autoempleo o el trabajo en la empresa privada, sobre todo en actividades que entrañen la aplicación de los conocimientos adquiridos durante esos años de preparación.

En el transcurso de lo que hacemos y pretendemos, el esfuerzo es sólo una parte no necesariamente desagradable de los intentos por hacer llegar la realidad tan alto como están nuestros sueños. Por fortuna, el destino, las circunstancias, tienen la última palabra. No existe determinismo.

5.5. Salvar el curso y alcanzar el éxito profesional

Es el comportamiento estereotípico del estudiante, intentar en los últimos meses, con nervios, café, pocas horas de sueño, tabaco, y en ocasiones otros estimulantes, recuperar, o intentar introducir en su mente (como si de un ladrillo se tratase) todo lo que no ha conseguido con clases, apuntes y mucho más tiempo. En unas fechas, la primavera y principios de verano, que suelen coincidir con las más repletas de actividades de ocio, conciertos, fiestas de estudiantes, tareas extraescolares y, con ellos, la efervescencia de los primeros enamoramientos.

En el caso de los más jóvenes el intento puede traducirse en una tensión añadida y mayor presión de los padres, que ven como el curso no endereza.

Pues bien, conviene saber que:

> Por la propia definición que se hace del problema, y en relación con los principios básicos que rigen las técnicas y estrategias que favorecen el aprendizaje, tanto niños, jóvenes, como padres, afrontan el reto de «salvar el curso» en los últimos meses, de forma contraria a la que exigiría un buen método.

Es por ello conveniente partir de un marco diferente, para superar uno de los conflictos que más acucian a los jóvenes y sus familias.

En primer lugar, debe tenerse en cuenta que el hecho de que el joven haya constatado que existe un problema, incluso que él se haya planteado el reto de superarlo, es una primera solución. Cargarle de más ansiedad recordándoselo no sirve de nada.

Debe asumirse que todo examen, y en especial los de selectividad, valoran la madurez del alumno, y como ésta no se improvisa, con voluntad de trabajar, con una inmersión profunda e interesada en las materias puede que las posibilidades de éxito sean superiores de las que consideramos.

Debe intentarse en un primer momento ir adoptando un ritmo idóneo de trabajo, que el estudiante se vaya familiarizando cada día más con los temas, el vocabulario y una vez superada esta etapa de estudio, considerar los exámenes como una oportunidad para la demostración, no para la censura.

Al mismo tiempo, las técnicas de estudio y superación de exámenes anteriormente expuestas deben contribuir a que éstos se conviertan en una actividad necesaria, agradable y placentera, y al cambio de actitud.

El primer problema cuando queda poco para finalizar el curso es el cúmulo de materia pendiente, el desánimo, y la angustia por la proximidad de los exámenes finales, los apuntes todavía no fotocopiados, o los que acumulamos con letras de otros compañeros que a veces no se entienden. Al alumno sólo suele ocurrírsele una solución: «atiborrarse» de horas de trabajo nocturno y pasar como si de un juicio se tratase la prueba «del día del examen».

Sin embargo, los estudiantes que mejores notas obtienen en pruebas como la selectividad no son los más «empollones», ni los que renuncian a salir, ni tan siquiera los más inteligentes, y mucho menos los más preocupados por los exámenes finales. Los que superarán la batalla (y diferentes estudios lo corroboran) son aquellos que han estudiado con mayor motivación, concentración, ritmo, tranquilidad y espíritu metódico. Es por ello que aconsejamos abordar los siguientes puntos con interés, o intentar que así lo hagan los hijos o alumnos, de los que esperamos mejorar sus resultados académicos:

1. Intentar descubrir la vocación, el lugar que ésta ocupa o puede llegar a ocupar en su vida, es el paso para que los exámenes o pruebas de acceso a la universidad tengan un mayor sentido, tanto como los contenidos a estudiar. Recordar que en el caso de algunas materias será la última oportunidad para dominarlas, pero que de otras, la mayoría, dependerá el éxito en los estudios posteriores. Encontrar un sentido, una utilidad a todo aquello que intentamos memorizar. Intentar incorporar las nuevas ideas, conceptos y vocabulario en nuestras conversaciones en familia.

2. Estudiar, descansando diez minutos cada hora, mantener un horario fijo libre de distracciones, e intentar fuera de estas horas realizar actividades que permitan que su mente y su cuerpo se recupere (charlas, deporte, TV, etc.), evitar trasnochar, comer mal o beber bebidas alcohólicas.

3. El estudiante debe plantearse: ¿Estoy en verdad decidido/a a anteponer el aprobado y aprender, a todos los demás objetivos, y a aparcar los asuntos que distraen mi atención del estudio durante unos meses, para luego poder contar con tres largos meses de verano, y abrir la puerta del éxito para lo sucesivo? Esto es así porque interesa, no porque venga impuesto. Si cumple sus objetivos en el estudio se habrá demostrado a sí mismo que es capaz de conseguir lo que se proponga, aumentando la autoestima y con ella el concepto que hacia él tengan los demás (amigos, amigas, profesores, familiares, etc.).

Si él o ella se quiere más, los demás también lo harán, aunque en un principio pudiera pensar lo contrario. Y es que en ocasiones los alumnos creen que si destacan en sus estudios perderán el afecto y la adhesión de sus compañeros, aspecto este muy importante durante la juventud. Pero si pone excusas para no demostrar lo que vale, se sentirá mal consigo mismo y al mismo tiempo con los demás.

A continuación se enumeran otras causas comunes de dificultades escolares. Será conveniente que el propio alumno subraye aquellas con las que se encuentre más identificado, y que vaya proponiendo posibles soluciones, y cómo abordar el reto de superarlas:

- Falta de confianza en uno mismo.
- Ausencia de un espacio propio.
- Distracciones por aficiones, enamoramiento, etc.
- Problemas personales.
- La televisión.
- Problemas con una asignatura o un profesor.
- Agotamiento físico por no descansar o dormir lo suficiente.
- Falta de comprensión de las materias.
- Volumen y dificultad de las asignaturas.
- Falta de rendimiento en el estudio.
- Fallos de la memoria.
- Agobio por la presión familiar.
- Ambiente con los compañeros de clase.
- Relación con los profesores, etc.
- Desconocimiento de la causa que nos genera angustia.
- Falta de interés, desmotivación, ausencia de «motivo de logro».

Las cruces marcadas serán los peldaños sobre los que se tendrá que ir edificando el cambio.

En cuanto al «motivo de logro», es un concepto que conviene explicar más detenidamente, ya que hace alusión a la «variable energética de la motivación (la fuerza del impulso) y determina, por tanto, el nivel de aspiraciones vocacionales» (Castaño, 1995:223). Por otra parte, la «esperanza de éxito» hace referencia a las expectativas personales de alcanzar el nivel aspirado. El primero es un valor cultural y un motor en la práctica totalidad de sociedades progresivas, en las que la motivación para el rendimiento escolar, es sólo una más. La segunda se encuentra relacionada con la actitud del sujeto.

Hemos puesto de manifiesto lo contraproducente de valorar en exceso el éxito académico por encima de otros aspectos, como el propio esfuerzo, constancia, incluso adaptación y felicidad de nuestros hijos. Esto no quiere decir que la conducta vocacional más idónea no sea la centrada en la «esperanza de éxito». Siguiendo a Castaño (95:222), los resultados de investigaciones apuntan en la dirección de que «los individuos motivados por el éxito tienden a ser más realistas en sus decisiones vocacionales, a llegar a elecciones sobre profesiones de mayor prestigio pero dentro de sus posibilidades, a asumir riesgos más razonables y a obtener mayor rendimiento en los cursos académicos». Todos estos aspectos se contraponen al estudiante cuya conducta vocacional se mueve centrada por el «temor al fracaso», que tiende a tomar decisiones menos equilibradas y situaciones contrarias a las referidas para el alumno centrado en «la esperanza de éxito».

Puede resultar de interés para delimitar los aspectos que influyen en los alumnos en la consecución del éxito en sus estudios frente al fracaso, la adaptación del gráfico de Carlos Castaño que resume todos los estudios previos sobre la cuestión, en su artículo sobre Indicadores de la conducta vocacional (95:223):

TEORÍAS	ORIENTACIÓN AL FRACASO	ORIENTACIÓN AL ÉXITO
A) Motivos que orientan a cada uno de estos grupos	– Orientados al placer. – Orientados al presente. – Orientados a objetivos de corto alcance.	– Orientados al trabajo. – Orientados al futuro. – Orientación hacia objetivos a largo plazo y de largo alcance.
B) Motivo de logro	– Impulso de evitación del fracaso. – Esperanza de fracaso. – Incentivados por objetivos de muy alta o muy baja dificultad.	– Impulso de logro. – Esperanza de logro. – Incentivados por objetivos de dificultad intermedia.
– Alteraciones en el conocimiento	Conducta de evitación del éxito. Limitación del yo ideal.	Conducta de aproximación al éxito. Aproximación al yo ideal.

– **Estilo atribucional**		
– Atribución de fracaso:	Atribución externa del fracaso.	Atribución personal del fracaso.
– Atribución de éxito:	Atribución personal del éxito.	Atribución externa del éxito.
– Autocontrol:	Bajo autocontrol.	Alto autocontrol.
– **Personalidad**	Extrovertidos-inestables. Introvertidos.	Introvertidos moderados. Extrovertidos estables.

Como resulta previsible, la orientación al éxito se caracteriza por la tenencia de objetivos a largo plazo y de dificultad intermedia, así como esperanza de logro y conductas de aproximación antes que de evitación del éxito. En relación con la personalidad que da patente a la supremacía del carácter controlado frente al inevitable.

Por último, cabe concluir que descargar a nuestros hijos y alumnos del estrés y la ansiedad frente a los exámenes y la consecución de las asignaturas, pero sobre todo sustituir el temor por el optimismo puede ser el primer paso para que alcancen el éxito.

Resumen

Dentro de los exámenes se pueden distinguir dos modalidades básicas: los escritos y los orales.

Para superar con éxito ambos tipos de exámenes, hay que establecer un horario de estudio y estudiar todos los días, no dejando todo para el final; si se tiene miedo conviene realizar simulaciones; si se olvida algo relajarse para que las ideas fluyan. Puede ser de ayuda saber qué suele preguntar el profesor y qué no le gusta que se conteste.

A la hora de realizar los exámenes orales habrán de seguirse una serie de pasos, tales como leer atentamente las instrucciones, lo que se pregunta, vigilar la expresión y no cometer faltas de ortografía, etc.

Existe un miedo común a hablar en público, y más cuando se trata de una evaluación. Para evitarlo la clave es ensayar, practicar, intentando controlar los nervios mediante el control mental y de la respiración.

En los exámenes orales hay que prestar mucha atención a la pregunta y centrarse en lo que hay que responder; hablar con seguridad y si se produce una equivocación rectificar.

Para opositar conviene tener una buena memoria y ser disciplinado. Las pruebas pueden ser oposición, concurso o concurso-oposición. Cuando el resultado no se corresponde con el esfuerzo realizado no hay que frustrarse, sentirse fracasado, sino procurar considerarlo un acontecimiento más de la vida y seguir intentándolo viendo en qué se ha fallado para mejorar.

Los estudiantes que mejores notas obtienen en pruebas como la selectividad son aquellos que han estudiado con mayor motivación, concentración, ritmo, tranquilidad y espíritu metódico. En definitiva, los alumnos con mejores resultados son aquéllos con una mejor orientación al éxito

6

Cómo elegir estudios y carrera profesional

Objetivo del capítulo: **manejar las diferentes posibilidades que determinan una correcta elección de los estudios y la carrera profesional.**

6.1. Formación, educación, aprendizaje y enseñanza, ¿cómo diferenciarlos?

Formación, del latín *formatio* (acción y efecto de formar), es un término equívoco, por el que se entiende tanto el adiestramiento como el resultado de éste; y debe diferenciarse de conceptos semejantes como aprendizaje, enseñanza y educación. La formación «es el esfuerzo sistemático y planificado dirigido a la modificación o desarrollo de conocimientos, técnicas, y actitudes a través de la experiencia de aprendizaje, y a conseguir la actuación adecuada en una actividad o rango de actividades» (Buckley y Caple, 1990). Es el aprendizaje deliberado que tiene lugar fuera de los colegios, opuesto a «educación» (Blaug, 1981), y que busca unos efectos inmediatos, mientras la educación dota de estructuras teóricas previas que han desarrollado con antelación las capacidades.

El *aprendizaje* es el proceso por el cual los individuos adquieren formación. La *educación* consiste en la capacitación desde una perspectiva más global y para la resolución de una gama amplia de problemas. Cuando se diferencia entre educación y enseñanza, se hace alusión con la primera a la experiencia transmitida (artística, cultural, política, etc.) y que en las sociedades avanzadas no se limita a los libros y a la escuela como organizadora central de la experiencia y la interpretación de los valores. Es decir, la educación se efectúa también fuera de la escuela, «en la influencia diversa de medios de comunicación y de los grupos de iguales (Bell, 76:483), en tanto las escuelas se han hecho más vocacionales y especializadas».

Como argumenta Mark Blaug (1981, 47), «la distinción entre educación «académica» y «profesional» es, en realidad, una distinción entre dos planes de estudios, marcados por una conceptualización de las escuelas profesionales como oportunidades educativas de segunda categoría, y con poco sentido dadas las limitaciones que le son inherentes (presupuestarias, requisitos de acceso, etc.). Dichas limitaciones son particularmente acuciantes, porque exigen un mayor coste en instalaciones y material didáctico para las clases prácticas, mientras los presupuestos a ellas destinados suelen ser inferiores. En los diferentes países, parece haberse establecido una línea divisoria entre la formación profesional, diseñada para dirigir al alumnado hacia las operativas del ámbito laboral, es decir, las que requieren una capacitación más práctica, específica y fácilmente demostrable; y, opuesta a ella, una educación académica (generalista, científica y símbolo de prestigio y estatus) dirigida hacia futuros mandos intermedios y directivos que, lejos de capacitar en habilidades concretas, estima suficiente la puesta a prueba de la disciplina y la capacidad de comprensión global de la sociedad por medio sobre todo de la adquisición de conocimientos teóricos. Dicha división resulta inconsistente a la hora de atender las necesidades de las modernas organizaciones.

Por ello, las demandas del mercado de trabajo en los últimos años están haciendo de los alumnos egresados en las escuelas profesionales y técnicas unos de los profesionales más demandados y con una retribución similar, en ocasiones, a la de los licenciados. Quiere esto decir que los empleadores además de que el nivel de exigencia de los alumnos universitarios es mayor, saben que deberán invertir en su formación en el puesto para que su cualificación sea la adecuada.

De forma tradicional la educación y la formación han sido del interés de las familias como ayuda al cuidado y la socialización de la descendencia, y como vía de incorporación de los hijos al mundo del trabajo.

En tiempos más recientes, el propio Estado las ha considerado dentro de sus competencias como mecanismo de reproducción de la mano de obra, al tiempo que una contribución al desarrollo empresarial y económico de los países. Para los agentes sociales (sindicatos y patronal) la formación se constituye en agente cualificador de los trabajadores por favorecer la movilidad social y por tanto la igualdad, en el caso de los primeros, y la eficiencia de capacitación de la mano de obra en el de los segundos. Y es por ello que educación y formación forman parte de la negociación colectiva y del acuerdo parlamentario.

En un entorno de cambio, el modelo tradicional de «aprendizaje de un oficio» que perduraba y se transmitía durante generaciones y implicando únicamente a las instituciones educativas, debe ser sustituido por un modelo centrado en las capacidades y en la adaptación «continua», cuyo coste no es asumido en exclusiva por los empresarios, sino que atañe tanto a las instituciones educativas, como al Estado y a los representantes de los trabajadores.

Por otra parte, las instituciones educativas han evolucionado de forma bastante aislada de la realidad laboral, centrando sus esfuerzos en las facetas del desarrollo humano y de los ámbitos específicos del conocimiento, lo que ha exigido desde los años sesenta el desarrollo de acciones formativas para el puesto de trabajo, bajo la iniciativa de organismos laborales en el marco de políticas más amplias de promoción del empleo.

La finalidad de la *formación profesional*, en el ámbito del sistema educativo, es la preparación de los alumnos para la actividad en un campo profesional, proporcionándoles una formación polivalente que les otorgue la posibilidad de adaptarse a las modificaciones laborales que puedan darse a lo largo de su vida.

La *formación ocupacional* es aquella que se encuentra en un estadio intermedio entre la formación profesional en secundaria y la formación profesional de los trabajadores ocupados (*formación continua*), destinada a la capacitación de personas en situación de desempleo.

La impartición de estos cursos se ha desarrollado de forma extraordinaria, como instrumento de las políticas de empleo, intentando solventar carencias del propio sistema educativo y jugar un papel de políticas activas del empleo en el mercado de trabajo.

Conviene conocer las inmensas posibilidades para la formación tanto profesional como académica que dispensan las administraciones modernas al ciudadano.

Si problemas económicos o personales han obligado al alumno a una inserción temprana en el mundo laboral, abandonando la escuela, esto no debe suponer también el abandono del estudio y su formación personal. En la actualidad se abren grandes posibilidades para que el trabajador pueda, por ejemplo, convalidar la experiencia laboral por títulos académicos de formación profesional, el acceso desde la formación profesional a las escuelas y facultades universitarias, el estudio a distancia de enseñanzas secundarias o universitarias, la especialización por medio de los cursos de formación ocupacional o formación continua, etc. Y todo ello, en las distintas disciplinas y para la mayoría de profesiones.

Los caminos para llegar al fin último de dotar a los jóvenes de una profesión son muchos y variados, por lo que conviene conocer tanto las posibilidades de especialización que la sociedad le brinda, como las opciones más adecuadas a sus aptitudes personales y preferencias. Dicha información puede ser solicitada en las administraciones educativas, orientadores, etc.

Pero todas las herramientas que pongamos a su disposición, no serán suficientes si los jóvenes a su vez no incorporan en sus valores la necesidad de formarse. Tendrán entonces los padres o tutores la opción de brindarle otras posibilidades que le hagan entender en la práctica la necesidad de conocimientos para acceder a trabajos más amables. Bien con información sobre la carrera profesional dentro de su empresa o en el sector a la que ésta pertenece, las opciones existentes en estudios a distancia, nocturnos o en la modalidad de enseñanza «libre», enseñanzas virtuales.

Todas estas alternativas para el estudio nos llevan a plantearnos si de verdad es preferible un enfrentamiento sin salida para ninguna de las partes –los padres por insistir en los estudios, los hijos por negarse a realizarlos– que aboque al joven a repetir cursos, cuando no a caminos marginales para salvar su autoestima, como las bandas juveniles, las salidas nocturnas, o por el contrario, la negociación y cesión para que dirijan su propio destino.

Es el caso de Juan Carlos Fresnadillo, una persona que no había cumplido los treinta años, cuando sus trabajos como director de cine le llevaron, sin más ayuda que su talento, a conseguir 40 premios de cine por su primer cortrometraje, entre ellos la nominación por la Academia Cinematográfica de Hollywood. Fresnadillo realizó los estudios de sociología en las aulas de la antigua facultad de la Complutense donde fuimos compañeros; para contentar a su madre, decía, que siempre creyó en su utilidad. Al mismo tiempo compaginó los cursos de cinematografía en diferentes escuelas de la capital, que eran los que realmente le gustaban. Hoy, que todo el mundo apuesta por él, no son pocos los que opinan que el secreto de su éxito pudiera estar en la aplicación de la investigación social al mundo del celuloide.

Alrededor de los dieciséis años muchos jóvenes albergan la idea de dejar de estudiar movidos por los primeros sueldos ganados por algunos amigos, la falta de relación de las materias con su realidad inmediata y un deseo natural de querer ser adulto y comenzar a vivir sin cortapisas. En estos casos pueden ser aconsejables trabajos a tiempo parcial, que les permitan seguir los estudios y conocer la realidad laboral. Es importante que no se abandonen los estudios más de dos o tres años, si se consideran pocas posibilidades de optar por un trabajo estable y con opciones de promoción.

Si la negativa a estudiar se basa en una creencia infundada sobre su escasa capacidad, los tutores podrán abordar el problema facilitándole todas las técnicas de estudio enunciadas, aconsejándole mayor dedicación y paciencia, intentando que vaya por partes, poco a poco, fomentando su autoestima y la adquisición de conocimientos por medio de actividades extraescolares. Más vale fracasar que decir: ¡y si lo hubiera intentado!

6.2. Cómo conocer los verdaderos intereses del estudiante

El interés es uno de los indicadores de la conducta vocacional y del aprendizaje humano que más se ha estudiado, confiriéndole la mayor parte de autores una importancia a la motivación sin atenuantes.

En este terreno son diversas las clasificaciones ocupacionales que se han formulado, intentando agrupar los principales ámbitos de interés de los futuros titulados. Todas ellas tienen en común la creencia en que el interés mostrado por los estudiantes sobre determinadas materias en el pasado, aportará la suficiente información sobre sus preferencias del futuro; y así lo han manifestado la mayor parte de estudiosos de la materia (Gottfreson, Holland, 1975, Knapp y Knapp, 1985, Gordillo, 1995). Sin embargo, debería tenerse en cuenta que los intereses suelen ser una demostración de los campos en los que el individuo ha tenido una experiencia de enseñanza o/y aprendizaje satisfactoria, o dicho de otro modo, en palabras de la Dra. Gordillo, «el interés fundamentalmente se aprende en interacción con el ambiente; luego será factible la intervención en esta parcela» (95:187).

Esta realidad tiene especial relevancia en el tema que nos ocupa, ya que puede ocurrir que a pesar de sus aptitudes, las materias que no se han conocido, aquellas en las que se ha sufrido una experiencia educativa decepcionante, o se han iniciado con temor (como suele ocurrir en los estudios de psicología con la estadística o la psicometría, en ciencias políticas con la socioestadística o el derecho administrativo, en medicina con la anatomía patológica, etc.) no serán las preferidas del estudiante. La opción contraria consistiría en ampliar las experiencias educativas de los niños a diversos campos y conseguir nuevas experiencias de aprendizaje más gratificantes. En el caso de la aversión a una materia imprescindible para completar el currículum, puede ser tratada de forma aislada, como si de cualquier otra fobia se tratara. Por ejemplo, con una exposición paulatina y agradable al agente culpable. Con juegos de niveles inferiores que expliquen las matemáticas, por ejemplo, o un buen profesor. En el caso de los idiomas, entrar en contacto con personas nativas con intereses comunes es una buena solución.

Quiere también esto decir que el papel de la familia y, sobre todo, de los progenitores a la hora de exponer a los jóvenes a sus primeras experiencias con materias como la biología, la historia, la geografía, el dibujo, etc. o la vivencia que de éstas hagamos en el hogar, serán determinantes a la hora de conseguir un adecuado rendimiento escolar en las mismas. Un entorno familiar rico en estímulos culturales, unos intereses y un vocabulario extenso, serán también el sustrato de unos jóvenes sin demasiadas dificultades en su adaptación al mundo académico y laboral.

En resumen, podemos afirmar que conseguir encauzar los intereses y capacidades del individuo hacia la carrera más idónea, es el camino más seguro hacia el éxito y la consecución de un empleo a la altura de sus capacidades y expectativas. Sin embargo, unas materias suelen ser objeto de la preferencia de los estudiantes desde edades muy tempranas, y otras por el contrario no lo suelen ser antes de los diecisiete años (como por ejemplo la economía). Los estudios desarrollados sobre imágenes ocupacionales demuestran que, en general, éstos, a partir de la adolescencia, son estables, «y selectivamente percibidos de acuerdo con la posición social, la inteligencia y el grado de implicación en la ocupación en cuestión». Implicación que puede provenir del ambiente familiar, los medios de comunicación o de otros ámbitos.

Por suerte, aunque la especialización en los estudios comienza desde edad temprana a través de la formación profesional, el gran número de titulados y las grandes posibilidades de especialización tardía, deparan una relación imperfecta entre los estudios y las profesiones ofertadas en el mercado de trabajo. Es decir, estudiar una carrera no implica, hoy en día, trabajar en ella, pero tampoco no poder optar a otra profesión si cambiamos de idea mientras la estamos realizando. Por ejemplo, un estudiante de medicina puede convalidar estudios o directamente doctorarse en psicología, un estudiante de sociología puede especializarse con un master de periodismo, o un abogado puede pasar a ser un profesional de la economía con una especialización, por ejemplo, en derecho tributario.

La evaluación de los intereses y preferencias profesionales cuenta con múltiples métodos de estudio y clasificación, que pueden ir desde la administración de un inventario de materias, un cuestionario de preguntas estandarizadas sobre preferencias, o un cuestionario de clasificaciones ocupacionales.

Un ejemplo es el Kuder-C (1986), registro de preferencias vocacionales, que evalúa intereses en: aire libre, mecánica, cálculo, científico, persuasivo, artístico, literario, musical, asistencia y administrativo. Incluye más de 500 actividades agrupadas de tres en tres y en cada una de ellas el sujeto debe indicar lo que más y lo que menos le interesa.

Otra posibilidad para conocer las *actitudes* vocacionales es la de explorar los *intereses* y *preferencias* haciendo que el estudiante realice diversas actividades bajo condiciones favorables. O por el contrario, como defiende Healy (1982), con una serie de actuaciones a seguir:

1. Probar actividades, y aquellas con las que más disfrute el individuo probablemente se convertirán en interés.
2. Revivir actividades pasadas para indicar las que fueron agradables y que por tal motivo se han venido repitiendo sucesivamente.
3. Observar actividades realizadas por los padres o personas admiradas, aislando posteriormente las actividades que el sujeto desea imitar.
4. Revisar, a través de inventarios de interés, un amplio conjunto de actividades para averiguar cuáles son atrayentes para el sujeto, que es la forma más extendida entre los profesionales.

En un segundo momento las *capacidades* o aptitudes del estudiante serán una pieza fundamental a la hora de elegir el desempeño profesional idóneo. Cualquier oficio requiere de su puesta en ejercicio para solucionar el conjunto de problemas y tareas que dicho trabajo implica, ya que puede haber una gran distancia entre lo que el joven se imagina que será una profesión en el momento de iniciar sus estudios, y por tanto las aptitudes necesarias, y lo que ésta es en realidad.

En este sentido, por desgracia, y siguiendo opiniones de expertos como José Sánchez (95:254), tradicionalmente se ha sobreestimado el papel de las capacidades en la elección vocacional, y los tests destinados en empresas y departamentos de orientación en la enseñanza así lo demuestran. Mientras, y como demostraremos en el apartado dedicado al mercado de trabajo, otros aspectos como las habilidades de empleabilidad que se desprenden de una posición o un entorno social pueden ser más importantes a la hora de decidirnos por una profesión u otra. Es de sobra conocido por la investigación que, «en el ámbito de los estudios universitarios, apenas el 3% de los casos que tienen dificultades con los estudios, sería atribuible a déficit aptitudinales del estudiante», a su falta de capacidad. Esto no quiere decir que la implicación de las aptitudes en la elección y el desempeño vocacional sea superflua, pero sí que no deben ser el único aspecto a tener en cuenta. A veces una influencia de la tradición familiar puede paliar un déficit en ciertas destrezas. Por otra parte, el estudiante tenderá a preferir aquellas ocupaciones y tareas en las que por sus aptitudes el éxito se encuentra más próximo, y dicha capacidad irá en aumento en la medida que la conducta vocacional se dirija en la línea de poner mayor interés, tiempo, energías y medios en la misma dirección.

Una buena práctica será la de preguntar al chico o la chica cómo les gustaría verse con cuarenta años, y una vez establecida la profesión, darles a conocer las verdaderas tareas de las que constan las ocupaciones correspondientes a dicha profesión.

Test de actitudes e inteligencia múltiple

El concepto de inteligencia múltiple hace alusión a la distinta capacidad que tiene el alumno/a para entender, aprender y enfrentarse a problemas de naturaleza diversa, ya sean espaciales, matemáticos, lógicos o lingüísticos.

Estas inteligencias se plasman en habilidades concretas hasta un número de ocho, y que todos poseemos en mayor o menor medida. Lo importante para desarrollar la inteligencia en su conjunto, y por tanto, tener mayor éxito en cuantas empresas –en un sentido genérico– el estudiante aborde a lo largo de su vida, será trabajar y entrenar aquellas para las que se encuentra menos capacitado, y potenciar y enriquecer sus fortalezas. Todas ellas actúan, no obstante, de forma conjunta cuando el alumno/a se enfrenta a la tarea de aprendizaje.

A continuación se presenta un cuestionario elaborado y cedido por el Director del Departamento de Psicología y Educación (UCJC), el Dr. Adolfo Sánchez Burón, que contribuirá a identificar el perfil de las múltiples inteligencias del alumno, ayudando a su vez a mejorar el aprendizaje.

La puntuación que se muestra es del 1 hasta el 5, y cada puntuación representa:

1. Totalmente en desacuerdo
2. Bastante en desacuerdo
3. Relativamente de acuerdo
4. Bastante de acuerdo
5. Totalmente de acuerdo

1	Disfruto realizando comentarios de textos, ya sean de literatura, de filosofía o de historia.	1	2	3	4	5
2	Tengo habilidad para la resolución de problemas matemáticos.	1	2	3	4	5
3	Tengo habilidad para el dibujo, ya sea artístico o técnico.	1	2	3	4	5
4	Disfruto enormemente practicando algún deporte y sobresalgo en algunos.	1	2	3	4	5
5	Sin duda, tengo sentido del ritmo.	1	2	3	4	5
6	No tengo dificultades para relacionarme con los demás.	1	2	3	4	5
7	Prefiero el trabajo individual, ya que así puedo ir a mi ritmo.	1	2	3	4	5
8	Me encanta la botánica.	1	2	3	4	5
9	Me gusta mucho la lectura, suelo «devorar» los libros.	1	2	3	4	5
10	Me gusta indagar por qué ocurren las cosas y cómo funcionan.	1	2	3	4	5
11	Consigo aprenderme con más facilidad un tema si previamente realizo una representación espacial del mismo, ya sea en forma de esquema o de cuadro sinóptico.	1	2	3	4	5
12	Considero que la utilización de los gestos (manos, posición del cuerpo, etc.) expresan mejor lo que se quiere transmitir que las palabras.	1	2	3	4	5
13	Me gusta componer canciones.	1	2	3	4	5
14	Mis amigos/as confían en mí para contarme sus problemas.	1	2	3	4	5
15	Me incomoda compartir mis cosas con los demás.	1	2	3	4	5
16	Cuando paseo por un parque soy capaz de diferenciar las distintas especies de pájaros.	1	2	3	4	5

17	Me gusta asistir a charlas, conferencias y mesas redondas y poder expresar mi opinión.	1	2	3	4	5
18	Tengo habilidad para el ajedrez, y en general para todos aquellos juegos en los que se exige pensar de manera lógica y estratégica.	1	2	3	4	5
19	No consigo aprender fácilmente el nombre de las calles pero puedo orientarme espacialmente con facilidad.	1	2	3	4	5
20	Me gusta cambiar las cosas de lugar.	1	2	3	4	5
21	Tengo buen oído musical y repito sin dificultad el ritmo o la letra de una canción.	1	2	3	4	5
22	Trabajo bien en equipo.	1	2	3	4	5
23	Tengo confianza en mí mismo y en mis posibilidades.	1	2	3	4	5
24	Realizo con asiduidad montañismo o senderismo.	1	2	3	4	5
25	Me gusta resolver los problemas mediante el diálogo y el uso de la palabra.	1	2	3	4	5
26	Soy bueno planificando y acostumbro a realizar las cosas de manera ordenada.	1	2	3	4	5
27	Prefiero las imágenes para plasmar una idea, antes que las palabras.	1	2	3	4	5
28	El baile o la danza son formas de comunicación impactantes.	1	2	3	4	5
29	Toco algún instrumento musical o me gustaría tocar alguno.	1	2	3	4	5
30	Pertenezco a clubes u organizaciones de ayuda a los demás.	1	2	3	4	5
31	Considero que los errores no son un fracaso, sino un punto de partida.	1	2	3	4	5
32	Cuando realizo excursiones me intereso por la flora autóctona.	1	2	3	4	5
33	Disfruto enormemente escribiendo, redactando y componiendo historias, cuentos, poesías…	1	2	3	4	5
34	Las operaciones matemáticas suelo representarlas mentalmente, sin necesidad de plasmarlas en papel.	1	2	3	4	5
35	Cuando observo un edificio o un cuadro tengo facilidad para apreciar los espacios y la perspectiva.	1	2	3	4	5
36	Tengo un marcado sentido del equilibrio.	1	2	3	4	5
37	Cuando escucho música puedo diferenciar sin mayor dificultad los diferentes instrumentos utilizados.	1	2	3	4	5
38	Creo que tengo madera de líder.	1	2	3	4	5
39	Conozco perfectamente mis puntos fuertes y débiles cuando me enfrento con una tarea.	1	2	3	4	5
40	Me gustaría pertenecer a un grupo de defensa medioambiental.	1	2	3	4	5

– Sumar las puntuaciones de las preguntas:

– 1 + 9 + 17 + 25 + 33 = ... Resultado Inteligencia Lingüística
– 2+10+18+26+34= .... Resultado Inteligencia Lógico-matemática
   3+11+19+27+35= .... Resultado Inteligencia Espacial
– 4+12+20+28+36= .... Resultado Inteligencia Corporal
– 5+13+21+29+37= .... Resultado Inteligencia Musical
– 6+14+22+30+38= .... Resultado Inteligencia Interpersonal
– 7+15+23+31+39= .... Resultado Inteligencia Intrapersonal
– 8+16+24+32+40= .... Resultado Inteligencia Naturalista

Interpretación del test:

Si puntúa alto en INTELIGENCIA LINGÜÍSTICA posee una elevada capacidad para procesar con rapidez mensajes lingüísticos, ordenar palabras, dar sentido a los mensajes y expresar opiniones de forma ordenada y coherente:

• Se trata de una persona que disfruta con el uso de la palabra; tiene habilidades para describir, narrar, relatar, valorar y resumir acontecimientos e historias.
• Puede desarrollarla a través de tareas como análisis de casos o comentarios de textos, debates o exposiciones, donde, además de presentar un tema, es necesario argumentarlo.
• Se trata de una inteligencia relacionada con profesiones como el periodismo, la abogacía, y todo lo que tiene que ver con la composición escrita, escritores y poetas.

Si puntúa más alto en INTELIGENCIA LÓGICO-MATEMÁTICA posee un conjunto de habilidades características por la facilidad para el cálculo, para la geometría o para la lógica.

– Es una persona con destrezas para enumerar, deducir, medir, comparar y verificar objetos, materiales y hechos, que disfruta resolviendo rompecabezas o jugando al ajedrez, donde se requiere poner en práctica su pensamiento lógico.
– Se trata de una inteligencia relacionada con las diferentes ingenierías, arquitectura, la física y la matemática.

- Puede desarrollarla en mayor medida si fomenta la interpretación y el lenguaje gráfico y numérico, el estudio de la lógica y el planteamiento de hipótesis para la solución de problemas.

Si la puntuación más alta se centra en la INTELIGENCIA CORPORAL-CINESTÉSICA posee una capacidad para usar su propio cuerpo de manera diferenciada y hábil como medio de expresión. Además, dispone de habilidad para trabajar con objetos, comprometiendo tanto una motricidad fina (dedos) como gruesa. Además:

- Se trata de una inteligencia relacionada con la gimnasia y el atletismo, también con la música y la cirugía.
- Puede desarrollar este tipo de inteligencia a través de tareas o actividades que impliquen, no sólo la ejercitación muscular, sino también el lenguaje corporal (manos, ojos, posición del cuerpo...), lo que se conoce como lenguaje no verbal.

Si la puntuación más elevada se centra en la INTELIGENCIA ESPACIAL quiere decir que tiene una excelente capacidad para distinguir las formas y los objetos, llevar a acabo transformaciones sobre algo que está percibiendo, imaginar movimientos o desplazamientos internos entre las partes, recrear aspectos de la experiencia visual y percibir las direcciones en el espacio concreto y abstracto.

- Es una persona con destrezas para localizar el tiempo y el espacio, comparar, observar, combinar y transformar lo que le rodea.
- Se trata de una inteligencia relacionada con la aeronaútica, la arquitectura, los artistas o los geógrafos.
- Puede desarrollarla mediante tareas que impliquen creatividad y flexibilidad en la percepción de formas en el espacio.

Para las personas cuya máxima puntuación se sitúe en la INTELIGENCIA INTERPERSONAL, conviene saber que poseen una habilidad especial para percibir, comprender y relacionarse con los demás:

- Es una persona que desarrolla la empatía, la ética y que no tiene grandes dificultades para interactuar con los otros, ayudando a resolver los problemas.
- Se trata de una inteligencia relacionada con ámbitos como la política, la educación, la psicología o la asistencia social.

– Puede desarrollar este tipo de inteligencia mediante tareas que impliquen dinámicas de grupos o trabajos colaborativos.

Si puntúa alto en INTELIGENCIA INTRAPERSONAL tiene un conocimiento positivo de sí mismo y de sus posibilidades. Es una persona con un autoconcepto y una autoestima elevados.

– Posee capacidad para acceder a sus propios sentimientos, emociones y discriminar entre ellos. Este tipo de inteligencia permite comprender y trabajar con uno mismo.
– Se trata de una inteligencia relacionada directamente con la inteligencia interpersonal, en la medida en que adquirimos un conocimiento de nosotros mismos de acuerdo al tipo y capacidad de interacciones que realizamos con los otros.
– Se trata de la inteligencia más privada y más difícil de conocer, y por tanto, necesita de las demás para poder ser observada.

Si puntúa alto en INTELIGENCIA MUSICAL posee una extremada facilidad para identificar sonidos diferentes, percibiendo matices tanto en la intensidad como en la direccionalidad. Conoce, además, la diferencia entre tono, melodía, ritmo, timbre y frecuencia.

– Es una persona con capacidad para observar, relatar, reproducir y combinar diferentes melodías y/o ritmos.
– Se trata de una inteligencia que predomina en los compositores, músicos, poetas, etc.
– Puede desarrollarla a través de tareas que impliquen el análisis crítico de textos y de temas musicales, tocando algún instrumento o leyendo partituras.

Si puntúa alto en INTELIGENCIA NATURALISTA refleja una especial habilidad para captar e interpretar el mundo vegetal y animal.

– Es una persona con capacidad para la observación y el planteamiento de hipótesis, que disfruta en contacto con el medio ambiente.
– Se trata de una inteligencia relacionada con el mundo profesional de los geógrafos, los botánicos, biólogos y los veterinarios.
– Puede desarrollar este tipo de inteligencia mediante la participación en asociaciones de defensa del medio ambiente, practicando actividades como montañismo o senderismo, interesándose en el conoci-

miento de especies autóctonas o plasmando pictóricamente paisajes naturales.

Dar tempranamente con los estudios que más motivan y con aquellos para los que el alumno se encuentra más capacitado, incrementará las posibilidades de superarlos con éxito, competir con buenos resultados en el mercado de trabajo y asumir de forma no impuesta los penosos años de estudio con satisfacción y aprovechamiento. Las decisiones a la hora de planificar su carrera profesional serán más personales y acertadas.

Para todo ello conviene conocer:

1. Cuáles son las distintas titulaciones para las que el alumno se encuentra más capacitado.
2. Los estudios y profesiones que se derivan de los resultados del test anterior y aquellos hacia los que siente mayor admiración y preferencia.
3. Los estudios y profesiones a los que tiene mayores posibilidades de acceso en función de su zona geográfica de residencia, disponibilidad económica y redes sociales (contactos familiares, amistades, etc.).
4. Y por último, si los puestos de trabajo y sectores se adecuan a su carácter y expectativas de futuro. (Por ejemplo todo el rango de ocupaciones del turismo –azafata, camarero, director de hotel, etc.– no son generalmente propicias para personas poco sociables.)

Le proponemos apuntar en una libreta todos los aspectos concretos de su reflexión:

A) Tras leer este apartado, en una tabla con cinco columnas coloque los cuatro puntos anteriores y vaya apuntando:

• *Aptitudes:* las capacidades pueden ser observadas en las asignaturas en las que el alumno ha obtenido mejores calificaciones, que en la esfera del trabajo se traducen en el conjunto de habilidades y destrezas que desarrolla con mayor efectividad: Lenguas, Artes, CC. de la Naturaleza y la Salud, Humanidades y CC.SS. y Tecnología. Utilizar para mayor información bibliografía adjunta y el test de inteligencia múltiple, que podrá orientarle.
• *Actitudes:* una aproximación sencilla a las actitudes del alumno puede llevarse a cabo comprobando las asignaturas que le gustan y sus aficiones. Ahora bien, tanto en el caso de las actitudes como en el de las

capacidades, puede darse el caso de que el individuo no haya podido conocerlas en su amplitud a través de su experiencia educativa o vital. Es por ello importante, como ha quedado dicho, la estimulación de nuevas actividades, juegos y lecturas (leer, juegos de palabras, el contacto con la naturaleza, deportes en equipo, etc.).

- *Posibilidades y proyectos de estudio y ocupación:* trabajar a tiempo parcial y estudiar a distancia, trabajar a tiempo parcial y luego asistir a una escuela universitaria, trabajar unos años y luego seguir con la FP, dedicar todo el tiempo al estudio, compaginar el estudio con el deporte, o la música, estudiar materias relacionadas con una afición que seguirá practicando y en la que le gustaría profesionalizarse, etc.

- *Puestos de trabajo en los que se vería dentro de unos cinco años:* proyectar la imagen que tiene sobre sí mismo hacia el futuro, que se informe hablando con profesores, familiares y amigos sobre en qué consiste su profesión y cómo se accede a ella. Sugiérale diferentes opciones (viajando de congreso en congreso, atendiendo el teléfono y la correspondencia, atendiendo enfermos de urgencia, hablando a través de los medios audiovisuales, conduciendo grupos de turistas, etc.). Apuntar todo ello en la cuarta columna. Conviene intentar reseñar en este apartado la relación de las tareas profesionales y las notas más características de nuestro carácter (sociabilidad, discreción, intuición...).

- Para completar la quinta columna deduciremos de la lectura de todas las casillas anteriores en su conjunto los estudios y profesiones.

1 Aptitudes	2 Actitudes	3 Proyectos	4 Puestos Trabajo	5 Estudios Posibles
Cálculo. Geografía. Idiomas. Historia.	Viajar. Empatizar. Hacer amigos.	Ayudar en casa económicamente. Estudiar. Viajar.	Informador Turístico. Relaciones Públicas. Recepcionista. Camarero.	FPI turismo y hostelería. FPII Agencias Viajes. Estudios turísticos universitarios. Estudios de posgrado en turismo.

B) Por último deben conocerse los diversos campos en los que suelen emplearse los titulados en los diferentes niveles en los que se puede y debe elegir estudios o profesión:

- Contar con libros (que pueden conseguirse en la biblioteca más próxima, en las librerías o a través de Internet) y folletos (que dispensan las administraciones educativas) sobre salidas profesionales, becas y modalidades de estudio.
- Informarnos de sus planes de estudios.
- En cualquier caso siempre será una buena opción consultar la bibliografía especializada y buscar la orientación del psicólogo del centro de estudios.

6.3. Momentos en los que se debe decidir: qué y cuándo elegir

La vida del estudiante se compone de diferentes estadios, tras finalizar los cuales el joven decidirá sobre la posibilidad de seguir estudiando o, por el contrario, incorporarse de forma más o menos temprana al mercado de trabajo. Es importante que conozca con exactitud las opciones que el sistema educativo le brinda.

Algunas opciones no suelen ser contempladas cuando el fracaso escolar no permite al alumno proseguir con los niveles superiores del currículum académico encaminado a los estudios universitarios; sin embargo, no son pocas estas oportunidades.

1. En los primeros años:

- Talleres profesionales en los que se capacita para un oficio.
- Se pueden seguir diversos cursos menores en Marinería y Pesca, organizados por el Instituto Social de la Marina.
- Escuelas de Capacitación Agraria.
- Cursos de los centros de Educación de Adultos.

  a) Formación ocupacional que permite la obtención de la titulación correspondiente a los estudios primarios.

  b) Superación de una prueba para ingresar en ciertos tipos de formación profesional.

- Exámenes para convalidar experiencia profesional con titulaciones de formación profesional, también para amas de casa y empleadas del hogar.
- Obtener Certificado de Profesionalidad en los cursos de formación ocupacional (del INEM, Fuerzas Armadas, etc.).
- Seguir la Educación Secundaria en Centros de Adultos.
- Acceso a las Escuelas de Artes Aplicadas y Oficios Artísticos.
- Optar a las oposiciones a la administración pública.
- Formación profesional.
- Escuelas Universitarias y Escuelas Técnicas.
- Investigador Privado.
- Diseño de Moda.
- Academia General del Aire.
- Academia General Militar.
- Escuela Naval Militar.
- Arte Dramático.
- Restauración de Bienes Culturales.
- Piloto Civil.
- Gemología.
- Marketing y estudios comerciales.
- Cerámica.
- Ciclos formativos superiores artísticos.
- Universidades para adultos (Open University).
- Artes: Escuelas de Artes Aplicadas y Oficios Artísticos, Conservatorio de Música: Instrumentista, Compositor, Cantante en la Escuela Superior de Canto, y en algunos centros Diseño de Moda.
- Idiomas en las Escuelas Oficiales de Idiomas.
- Defensa y Orden Público: Guardia Civil, Policía Municipal (en algunos municipios). Institutos Politécnicos del Ejército.
- Algunos estudios de auxiliares sanitarios.
- Oposiciones: Subalternos de la Administración central, autonómica y local en la escala general o en la de oficios varios: Vigilantes, Ordenanzas, Telefonistas, Operarios (Grupo E). Ayudantes Postales.

2. *Sin ninguna titulación pueden proseguirse estudios:*

- Diversas ocupaciones y oficios promovidos por los gremios artesanales y asociaciones profesionales: Escuela de Pastelería del Gremio de

Confitería de Barcelona, Florista en la Escuela de Arte Floral de Barcelona, Aprendiz de Carnicería y Charcutería por la Federación Madrileña de Industrias de la Carne, diversos oficios de la construcción.
- Guardas jurados.
- Radiotelefonista.
- Vendedor.
- Monitor de Artes Marciales; Monitor de Club Deportivo, Monitor de Tiempo Libre Infantil.
- Danza; Actor; Escuelas privadas de Música; Algunos Conservatorios de Arte Dramático, Canto; Actor de Doblaje.
- Instalador y Técnico de Mantenimiento, Fotografía Profesional, Maniquí, Modelo.
- Y además estudiar:

- Gestión de Empresas Agrarias.
- Decorador en algunos centros privados.
- Radiografista, Profesor de Autoescuela, Hostelería y Restauración en Centros Privados, Azafatas, Recepcionistas.
- Algunas Oposiciones.

4. *Si los estudios son abandonados una vez finalizada la educación secundaria puede seguir estudios de especialización:*

- Anticuario, Ceramista, Arte Dramático, Instituto de Teatro.
- Relaciones Públicas, Publicitario, Marketing (en algunos centros privados).
- Gemólogo, Auxiliar de Vuelo, Técnicos de Congresos, Jardinero, Grafólogo, Animador Sociocultural.
- Diferentes puestos de especialista en el ejército.
- Oposiciones para Administrativo (Grupo C).

5. *Tras finalizar los estudios de licenciatura universitaria también pueden seguirse nuevos estudios de especialización superior:*

- Convalidar asignaturas y proseguir una segunda licenciatura.
- Controlador aéreo (mediante oposición).
- Criminología.
- Masters.

– Doctorarse (Cursos de doctorado + tesis doctoral).
– Oposiciones.
– Escuela Diplomática (Mediante oposición).

Puede obtener información sobre temas educativos:

– Consultando las hojas informativas en Internet del Ministerio de Educación, que incluyen todos los centros públicos y concertados de España y sus direcciones.
– Conectando con el teléfono de centralita del Ministerio de Educación y Ciencia de atención personalizada.
– Dirigiéndose personalmente a las mesas de atención al público de Información, o bien en las dependencias de las respectivas Direcciones Provinciales.
– En las Direcciones e Inspecciones Provinciales y en las Consejerías de Educación de sus Comunidades Autónomas, para informarnos de todo tipo de estudios y centros.
– En las Consejerías de Educación de las Comunidades Autónomas.
– En los servicios de Educación de los ayuntamientos.
– Asociaciones patronales de Centros de Enseñanza Privada (para la información de centros privados).
– Asociaciones de centros de enseñaza a distancia.

Para la obtención de becas de libros y estudio:

– En la Subdirección General de Becas y Ayudas al Estudio del Ministerio de Educación y Ciencia.
– En las Consejerías de Educación de las Comunidades Autónomas.
– Departamento de la juventud de las Entidades Regionales y Locales.
– En las publicaciones al efecto sobre estudios y salidas profesionales.
– En algunos periódicos dominicales.

6.4. Orientación vocacional según la personalidad

Son diversas las clasificaciones del carácter y la personalidad a las que ha dado luz la moderna psicología, sin embargo, cualquiera de ellas no pueden ser consideradas más que como «tipos ideales», es decir, modelos prototípicos, que difícilmente se encontrarán en «estado puro» en la sociedad. Sí pueden, en cambio, mostrarnos las tendencias más comunes del carácter, y a partir de éstas considerar qué tipo de profesión, y con ella de estudios, serán los más apropiados para cada alumno.

Así, por ejemplo, una personalidad predominantemente nerviosa requiere de una ocupación dinámica, variable y que precise desarrollar sus dotes creativas. La literatura, la pintura, la escultura y otras carreras artísticas son propicias para estos individuos. También profesiones que exijan cierto nomadismo, como periodismo de acción, guía turístico, representante. Por el contrario, no se recomienda para las personas nerviosas otro tipo de carreras profesiones como las industriales, la política o la abogacía, ni la dirección de grupos grandes de personal.

La persona sentimental, que se deja dominar por sus emociones, pero que también valora de forma primordial los sentimientos ajenos, con un gran espíritu de ayuda y comprensión, se encuentra más dotada para todas aquellas profesiones relacionadas con la función pública, también para las administrativas, las centradas en la enseñanza, el cuidado de enfermos, personas de la tercera edad. También otras profesiones de naturaleza sedentaria como el sacerdocio, la investigación, la programación y en general las que exijan un carácter metódico. Los estudios más recomendables son los relacionados con la ciencia de la administración, estudios administrativos, la medicina, la psicología, la asistencia social y sociología, la psiquiatría y la gerontología, magisterio, educación infantil y pediatría, y en general las carreras técnicas y superiores que puedan ser enfocadas hacia la función docente, la administración y la investigación.

El apasionado es un tipo de carácter que se caracteriza por su entrega al trabajo. Es muy importante que los alumnos con dicha personalidad encuentren con prontitud la especialidad con la que se sientan identificados, lo que potenciará su rendimiento y su futuro profesional. Como hacen del trabajo lo más importante de su vida, requieren de empleos en que puedan rodearse de cierto grado de idealismo o «misticismo». Las carreras que más encajan con este tipo de personalidad son la militar, la política, el sacerdocio activo, la medicina, la abogacía, la judicatura, la policía, y artistas vocacionales, y de forma genérica, carreras que exijan entrega, pasión y renuncia a otros aspectos de la vida. No se recomiendan trabajos rutinarios, o de características imprecisas.

Siguiendo con el análisis de Blaschke y Palao (97:193), la personalidad colérica es aquella que se deja llevar por la ira, y otras emociones que no puede dominar. Se caracteriza, por tanto, por su vehemencia, que se traduce en una alta agresividad en el trabajo. Estos individuos son aptos para carreras políticas y militares, empresariales, comerciales y bancarias, abogacía, periodismo, artes escénicas en las funciones de director. Las personas que se reconozcan en este tipo psicológico deben huir de las profesiones rutinarias, pero sobre todo de aquellas que desempeñen funciones subordinadas.

Conoceremos al flemático porque actúa con lentitud, no se altera por nada y asume los problemas con gran filosofía. Son por ello adecuados para las profesiones administrativas, las sedentarias y rutinarias. También las que exigen paciencia como la enseñanza, las ingenierías especializadas, pero sobre todo, las relacionadas con la administración pública, y en general todas aquellas que no impongan un gran ritmo de trabajo y agresividad. Se descartan para estas personas los trabajos comerciales, bancarios y de negocios, así como los creativos y artísticos.

El grupo de los realistas y sanguíneos se encuentra formado por personas realistas, pragmáticas y ambiciosas. Anhelan la competición y necesitan conseguir éxitos paulatinos para medir sus fuerzas en aquello que realizan. Suelen ser buenos comerciantes y personas de negocios, también diplomáticos, políticos y juristas, pero además encajan bien en profesiones científicas o técnicas que exigen serenidad y sentido práctico, como la cirugía, biólogos, ingenieros, etc. Por el contrario, aceptarán con resignación trabajos administrativos, o aquellos en los que deban adoptar funciones subordinadas.

Los apáticos se caracterizan, como su propia definición anticipa, por su pasividad de ánimo y la debilidad de carácter, que les hacen precisar un guía, maestro o jefe para actuar. Encajan bien en todas las profesiones que se desarrollan en puestos subordinados y que requieren acatar el mando, como la militar, la administrativa, los oficios industriales, también profesiones de servicios personales como botones, asistentes, camareros, y en general todo el rango de ocupaciones que no exigen una cualificación muy avanzada, como peones, porteros, etc., o aquellas que requieren una gran serenidad y paciencia, como los profesores de idiomas, los contables, o los auditores. Por el contrario, no son aptos para trabajos que impliquen creatividad, dirección de personas o agresividad.

Por último, se denomina amorfa la personalidad que no se encuentra muy definida, sin grandes rasgos de carácter identificativos, y que por tanto corresponde a individuos que pueden hacer frente a trabajos que requieran cierta variedad de funciones, pero sin requerir dotes de dirección, agresividad o creatividad excesiva. Pueden ser buenos empleados de trabajos industriales, de tiendas, hostelería, contables, peluqueros, bailarines, maquilladores, y empleados de servicios en general. No son aconsejables para estos individuos las carreras relacionadas con el marketing, los negocios, la dirección, o la investigación.

6.5. Orientación profesional, mercado de trabajo y empleo

La orientación profesional en los años sesenta, en los que el pleno empleo garantizaba la colocación de los estudiante que terminaban su carrera académica, prácticamente se reducía al asesoramiento vocacional de los jóvenes egresados en los centros de estudios.

En nuestros días, no sólo se ha tomado conciencia de la importancia de realizar dicha orientación desde los primeros años de escuela, sino que además la orientación profesional y para la promoción del empleo comienza a desarrollarse desde los más variados ámbitos: los colegios, las universidades, los ayuntamientos, las propias empresas o las consultorías privadas frente a un despido o reestructuración de plantillas (también denominado *outplacement*).

En lo que aquí nos interesa, el conocimiento del mercado de trabajo como instrumento de orientación profesional, tiene el interés de abordar, a pesar de lo que pudiera parecer, un ámbito muy complejo.

La existencia de mercados de trabajo no competitivos o estructurados es la idea básica que subyace cuando afirmamos que existe no un mercado de trabajo, sino varios en los que podrán hallarse los individuos dependiendo de su posición social, su etnia, su formación, lugar de residencia (urbana o rural), el sexo o la edad.

Lógica que no se comprende con la única atribución a las desigualdades salariales o a las diferencias existentes en la oferta y la demanda, sino con relación a la existencia de grupos no competitivos como característica de nuestra economía social, y de las imperfecciones de ésta.

Qué quiere decir todo esto, pues que las posibilidades de acceso al empleo no son iguales para todos, y que tanto el aspecto como el nivel educativo, los centros de estudios de procedencia, las redes personales, son muy influyentes a la hora de seleccionar el personal entre la población activa. Así los datos oficiales confirman la diferenciación a la hora de encontrar un trabajo en el «mercado primario» de los varones españoles, de 26 a 54 años de determinadas regiones, frente al mercado secundario, mujeres, jóvenes, inmigrantes, y varones pertenecientes a zonas económicamente deprimidas.

El sistema educativo tradicionalmente se ha visto dividido en un esquema dicotómico, entre estudios de ciencias y los de letras, entre estudios de secundaria teóricos (bachillerato) y los prácticos de la Formación Profesional; todo ello ha supuesto dificultades importantes, tanto al abordar las carreras universitarias, en las que suelen compaginarse asignaturas técnicas con humanísticas, pero sobre todo en la masificación de algunas titulaciones como Periodismo, Derecho, Psicología o Medicina. La masificación ha llevado no sólo a la devaluación de algunas titulaciones, sino a la imposibilidad del ejercicio de muchos titulados.

Todas estas facetas deberán ser sopesadas a la hora de decidirse por una u otra. También puede contarse con los «termómetros» u observatorios ocupacionales, que en periódicos, revistas especializadas y estadísticas oficiales nos indicarán el nivel de ingresos de cada profesión, y sobre todo, su tasa de paro.

Tampoco el empleo convencional es la única fuente de promoción del empleo, ya que nuevas formas de trabajo han ido ocupando mano de obra, algunas de forma novedosa en los últimos años. Trabajo a través de Internet, teletrabajo, trabajo en el tercer sector (ONGS), autoempleo, trabajo cooperativo, subcontratación a tiempo parcial o en empresas de trabajo temporal, son algunas de las múltiples opciones que ha deparado la nueva estructura laboral, y sobre las que se asientan oportunidades de acceso, formación y futuro empleo.

Por último, recordar que frente a la necesidad de empleo y colocación, la consulta de centros especializados de orientación profesional (centros de información para el empleo de las universidades, oficinas de empleo del INEM, ETTS, agencias de colocación, entidades locales, colegios profesionales, etc.) nos proveerán de toda la información necesaria para conocer nuestra posición en el mercado de trabajo, las opciones disponibles y las trayectorias y formación necesaria en el empeño.

El técnico en orientación profesional o inserción nos pondrá en conocimiento de la información relativa al mundo laboral, como las familias profesionales, las ocupaciones, los centros de formación disponibles en cada comunidad, las formas jurídicas de contratación... pero lo más importante, dispondrá del acceso a bolsas de trabajo, generalmente con soporte informático, a través de las cuales se realiza la casación entre la oferta de empleo y la demanda.

En definitiva, que en la labor de asesorar a nuestros jóvenes, deberemos hacer un esfuerzo, no sólo por comprender su conducta vocacional, sino además por intentar conocer y hacerles entender las posibles dificultades que ciertas titulaciones pueden encontrar a la hora de insertarse en el mercado de trabajo.

En algunas ocasiones, los prejuicios de carácter racista, elitista o sexista podrán hacer prácticamente imposible su acceso, aunque no vano el intento; en otros, su edad, debido a la costumbre o al privilegio de ciertos contratos de trabajo, en muchos de ellos la carencia de referencias familiares, recomendaciones o redes sociales en las que poderse apoyar en la búsqueda de un empleo.

Aunque las cosas estén cambiando, durante años ha sido muy difícil que una mujer accediera al puesto de jefe de personal, así como emplear varones en las guarderías, o en puestos de enfermería, o bien el acceso a determinados empleos o estamentos sociales sin un mentor o familiar. Esto no quiere decir que debamos disuadir a los estudiantes del estudio de oficios que por tradición social no han sido desempeñados por personas de su sexo, extracción social o raza, sino que por el contrario será importante desplegar una estrategia de cualificación y búsqueda de empleo que tenga en cuenta estas premisas.

También es cierto que toda esta serie de dificultades han sido sorteadas por muchas personas que, al margen de las limitaciones que pudieran esperarse del mercado de trabajo, han luchado con esmero por vencerlas sin otra ayuda que la de ser los mejores.

Por encima de los criterios de segregación del mercado de trabajo, conviene conocer además cuáles son las pautas de cualificación, inserción y promoción que habitualmente siguen los profesionales con mayor éxito (estudios, prácticas o becas, trabajo en el extranjero).

A este respecto es muy importante la figura del mentor a partir de la finalización de los estudios de licenciatura. Incluso antes, una persona que de forma humana y desinteresada indique el camino al joven y valore sus avances y decisiones es fundamental. En el caso de la carrera investigadora será el director de tesis o el tutor, en el de la empresa podrá ser la persona que le ha introducido, seleccionado o formado para el trabajo.

Es importante en cualquier caso que el joven le haga saber su interés de seguir sus directrices, que valore su dedicación y consejo, que esté dispuesto a colaborar y aprender en cualquier actividad o proyecto, pero también habrá que cuidar que no sea utilizado en su tiempo con falsas expectativas a cambio de trabajo no remunerado.

Resumen

Como ya se avanzó en el primer capítulo, en este apartado dedicado a la orientación socio-laboral, se insiste en aspectos clave a tener en cuenta a la hora de elegir estudios y carrera profesional.

Los padres deben conocer que el sistema educativo dispone cada vez de mayores posibilidades para: pasar desde un tipo de enseñanza a otro (del Bachillerato a la Formación Profesional, de ésta a la universidad); convalidar estudios en diferentes ámbitos (homologación de cualificaciones de la Formación Profesional, la Formación Continua en el puesto de trabajo, la Formación Ocupacional para parados); pasar del mundo laboral al académico y viceversa (reconocimiento académico de los años de experiencia profesional en toda Europa [todavía en elaboración] en los distintos estadios de la vida profesional).

A la hora de valorarse los estudios que ofrecen unas mayores posibilidades en el mercado de trabajo, debe tenerse en cuenta: que las profesiones que hoy son deficitarias, y por tanto, mejor remuneradas en el mercado de trabajo, no son las mismas que ayer, ni las que serán mañana; que la dificultad para conseguir una ocupación es alta para todos los estudios, si bien para unos más que para otros, y que aspectos como las calificaciones, las relaciones sociales, la destreza del alumno para abrirse camino, pueden llegar a ser más decisivos que la titulación en sí; que si algunas titulaciones encuentren serios problemas de inserción en el mercado laboral, hay que considerar otras que igualmente pueden conducir a realizar en el futuro la misma profesión que desea el alumno, y por último, recordar que no sólo se habrá de pensar en los años de estudio, sino en el trabajo que el alumno habrá de desempeñar terminados éstos y la idoneidad existente entre su carácter y el puesto de trabajo para el que dichos estudios cualifican.

7

Los problemas de los jóvenes

Objetivo del capítulo: **comprender la naturaleza de los problemas que dispersan la atención de los estudiantes y dificultan el estudio.**

7.1. Factores más comunes de dispersión frente al estudio: el deporte, la televisión, las salidas, el alcohol

La actividad física y el deporte son reconocidos científicamente por su influencia benéfica en el desarrollo físico y psíquico de los jóvenes. Esto se refleja en el estudio en varios sentidos. En primer lugar por favorecer hábitos de ocio más sanos, que antes que deteriorar la mente, oxigenan las neuronas y fortalecen la salud general del organismo. En segundo lugar, por haber demostrado su capacidad para inhibir episodios de tristeza, depresión y, consecuentemente, consumo de estupefacientes.

Por último, porque el deporte y la educación física contribuyen a la educación de los niños y niñas, jóvenes y adolescentes, al potenciar el trabajo en equipo, las relaciones sociales, la capacitación para la superación del esfuerzo y el fracaso. Es por todo ello muy recomendable para el tratamiento del fracaso escolar, pero también se manifiesta muy positivo en el tratamiento de trastornos como los déficit de atención, en especial en los casos de niños hiperactivos.

El deporte, sobre todo en estos primeros años, cumple la función de integrar a los jóvenes en estructuras asociativas, en detrimento de otros cauces para el encuentro con sus iguales: ingreso en pandillas, sectas, trato con desconocidos (en la calle, locales o a través de Internet), o la interacción a través de otros objetivos concretos como determinados juegos, la música, pero también la droga.

A esta influencia en la sociabilidad en la prevención de adicciones de los estudiantes, hay que unir el hecho de que el deporte mantiene el buen estado del cuerpo y la mente, evitando la tristeza y la depresión, como se ha comentado. Así algunos estudios recientes han demostrado que el cerebro fabrica sustancias, las endorfinas, cuyo fin es combatir la ansiedad y el dolor, que a su vez explica el fundamento neuroquímico de la adicción a las drogas. La producción de éstas y otros neurotransmisores como la serotonina, influye en el bienestar y el tono general del organismo, en la memoria y la atención.

Este hecho no sólo justificaría la utilidad del deporte para obtener satisfacción de una forma sana y saludable para el cuerpo, la mente y el entorno del individuo, sino que además supone atajar una de las principales causas con las que la juventud justifica el empleo compulsivo de alcohol y estupefacientes: el estado de ánimo. Si bien conviene tener en cuenta que el empleo de drogas y alcohol por parte de los jóvenes es un problema muy complejo en el que los factores culturales son tan importantes como los psicobiológicos.

En sentido inversamente opuesto, conviene hacer notar que el deporte también actúa como factor de dispersión y contrario al interés del rendimiento académico. Los entrenamientos, los viajes y los horarios de los encuentros deportivos no respetan el orden, las horas lectivas, ni la concentración que exige el estudio. Es muy corriente el retraso y el fracaso escolar entre jóvenes deportistas, y este es un problema que deberían atajar con mayor flexibilidad las instituciones educativas. Un deporte que no respeta los horarios de estudio y esparcimiento de los niños y los jóvenes no es el más adecuado, ya que ninguna meta deportiva justifica el fracaso escolar, máxime en una profesión, la del deportista, muy limitada por la edad.

Asimismo, los excesos de entrenamiento en los periodos de mayor fragilidad en el estado físico, pueden provocar consecuencias no deseadas en el crecimiento general del organismo, el aparato locomotor, circulatorio o en el plano fisiológico y dificultades escolares.

En cualquier caso, el deporte como actividad lúdica que atrae los intereses de la juventud, ya sea de forma activa o pasiva, siempre puede detraer la atención sobre los estudios, aunque no más que cualquier otro hobby o actividad alternativa.

Así por ejemplo, la excesiva atención a la programación televisiva es uno de los principales problemas esgrimidos por las familias como causa del retraso escolar y la de las escasas horas dedicadas al estudio por los jóvenes. En el caso de los más mayores esta actividad compite con las salidas y las juergas nocturnas, que más allá de ser una tradición de las sucesivas generaciones de universitarios, desde la tuna, al botellón, comienza a considerarse un problema de salud pública de grandes dimensiones.

La cuestión es que no sabemos si son tan sólo eso, las dimensiones de la población concentrada en el consumo de alcohol barato y los problemas de orden que esto conlleva, lo que realmente preocupa en esta ocasión, o es además el reconocimiento y la popularización de unos hábitos muy arraigados en nuestra cultura que ahora alcanzan igual a adolescentes como a jóvenes, a chicas como a chicos, a estudiantes universitarios como a jóvenes trabajadores manuales.

En lo que atañe a estas prácticas «dispersoras» de la atención en el estudio, hay que decir que es lamentable comprobar cómo alumnos muy motivados para las asignaturas y la carrera profesional no puedan por sueño y cansancio seguir las explicaciones del profesor o cumplir satisfactoriamente con las tareas y las evaluaciones del curso. Esta alternancia ciclotímica entre la euforia nocturna y el abatimiento de las mañanas, no sólo perjudica el rendimiento de los estudiantes, sino que les atrapa en un círculo etílico tan enraizado como los usos culturales que les obligan.

No es comprensible que los hijos salgan a divertirse cuando y en donde no lo hace ninguno de sus iguales, pero tampoco lo es seguir manteniendo costumbres que perjudican a todos, vecinos, padres, educadores, pero sobre todos a ellos, los jóvenes, en su salud, su trayectoria personal y el desperdicio que de su tiempo de vida y su salud están haciendo.

Es triste comprobar que lo que antes eran tertulias, debates universitarios, fiestas de encuentro con las personas más variadas del espectro creativo y profesional, visitas a los museos y escapadas en viajes de tren sin kilometraje y albergue, pueda quedar reducido, en un afán consumista de felicidad, a precio de litro, a bebida compulsiva. Es de esperar próximos cambios en este sentido, al igual que los altos precios de las bebidas en las grandes ciudades llevaron a los jóvenes en masa a tomar decisiones que sirviesen a sus intereses inmediatos.

En lo concerniente al consumo televisivo, los especialistas reconocen que un niño o adolescente no es más inteligente o menos por ver la televisión, pero ésta influye en el desarrollo de su capacidad intelectual y afectiva. El niño «teleadicto» posee una menor fluidez verbal, sufre retraso en la lectura y la escritura. La televisión como forma de ocio pasivo lo da todo hecho, no exige nada del espectador, el niño no juega, no interacciona con otros niños, no crea, ni imagina, no aprende a jugar con los otros, ni a relacionarse.

Sin embargo, la televisión es una constante en todos los hogares y los niños que sus padres no dejan que disfruten de ella se sienten inadaptados en la escuela y con los demás compañeros. La solución, al igual que con el problema de uso de drogas, no es fácil, mucho menos cuando son los propios padres los que se encuentran todo el día pegados al televisor. Sí podemos en cambio intentar reducir la televisión a unas horas concretas del día, contar con la programación más adecuada para los miembros de la familia que se encuentran en formación; es importante ver la tele con los jóvenes y de forma crítica, que no sea la programación la que marque los criterios, ni los valores de la familia. Junto a la televisión nos encargaremos de que los chicos y chicas tengan otras oportunidades de ocio más activas, como jugar, relacionarse, leer, hablar, ir al campo, viajar.

En cuanto al hecho de trasnochar en los niños y las salidas nocturnas acompañadas generalmente de alcohol en los jóvenes, es un problema que sobre todo en los últimos años ha saltado a la palestra del debate público y de las instituciones. Desde tiempos inmemoriables las salidas nocturnas se relacionaban con la vida estudiantil de los varones y de las clases privilegiadas que accedían a las universidades. El hecho de beber grandes cantidades, de forma compulsiva, durante largas horas y desde edades tempranas, chicos y chicas, es relativamente reciente.

Sin duda la falta de sueño y la ingesta de alcohol son fatales para la educación y el desarrollo general del alumnado. Pero también son más que impensables las posibilidades de que los jóvenes no salgan al encuentro de sus amigos y no practiquen las costumbres de diversión y de tiempo libre de su época. A esto se une una generación de padres extremadamente tolerantes con el consumo y los horarios, además de muy conscientes de las limitaciones que impondrían a su descendencia de hacer que sean diferentes que el resto de sus iguales.

«Salir a tomar una copa» como compañía del tiempo de ocio y forma de relación entre la juventud, ha pasado de ser un medio de pasarlo bien a un fin. «Hasta que no estoy colocado no paro», comentaba un alumno, y si es por menos dinero mejor.

El problema puede plantearse como un atentado ecológico (el ruido, los residuos, la imagen), educacional (no existe una mayor formación para el ocio), de diversificación de la oferta (no tienen otras alternativas de tiempo libre), ideológico (falta de valores), político (falta de compromiso social o de alternativas, democratización de la trasgresión) o cultural (la borrachera como arraigado rito de tránsito a la madurez). En cualquier caso «no sentir ni padecer» es un mal camino para disfrutar la juventud que pasará como un relámpago, como un sueño etílico. No es fácil decidir si sirve de mucho educar para el ocio, predicar para la abstinencia o mejor, enseñar a beber de forma más cabal e intentar que esta práctica no se relacione con otras prácticas de riesgo para su vida, como la conducción temeraria, los embarazos no deseados o las enfermedades de transmisión sexual. Si bien, debe recordarse que el miedo tampoco ha detenido a la juventud de ninguna época.

7.2. El enamoramiento y los problemas de relación

Una de las épocas más vulnerables para el retraso escolar es el inicio de la pubertad, en la que tienen lugar en la niña y el niño cambios hormonales muy importantes que pueden afectar a su equilibrio nervioso. Tiene también en esta época los primeros intereses por el sexo opuesto y enamoramientos, que distraen la atención y pueden suponer un descenso ostensible del rendimiento académico.

Es por todo ello que un retraso escolar en esta época no debe entrañar excesiva preocupación, pero sí debemos mantener la atención sobre posibles conflictos psicológicos en los jóvenes que conviene solucionar, y sobre todo, estar alerta sobre sus paulatinas incursiones en el mundo adulto que pueden sorprender y traumatizar a los niños con cuerpos de hombres y mujeres. En este terreno no son desdeñables las tasas de suicidio infantil por depresión y problemas de relación con sus iguales. Aunque lo normal es que las personas superen su «edad del pavo» sin demasiadas consecuencias, más que las propias de la desorientación, en ellos y sus familias.

Para que estas primeras salidas con amigos y amigas y encuentros con el sexo opuesto no absorban demasiada atención de los estudiantes, favoreciendo una posición demasiado débil frente a los avatares de las pandillas y los enamoramientos, es aconsejable que el chico o la chica comiencen a concretar, si no la vocación definitiva, sí preferencias por actividades que refuercen su posición frente al grupo y su autoestima.

La inadaptación en la niñez y la juventud por parte de sus iguales, es un factor que suele afectar en gran medida al rendimiento escolar. Para los niños con diferencias de aprendizaje, hacer amigos puede ser la tarea más difícil de todas. Es por ello importante que los adultos intenten promover el contacto y la interacción y grupos adecuados para ellos.

El inicio de un retraso repentino en el rendimiento de los estudiantes puede deberse a problemas que han aparecido en su entorno o en sus relaciones con sus compañeros. Pero para muchos niños y desde edades tempranas, los problemas de socialización hacen de la escuela un auténtico martirio sobre el que padres y educadores tienen grandes dificultades para intervenir. En muchos de los casos el cambio a otro centro no supone más que poner nuevas caras a los problemas. A veces, por el contrario, encontrar un colegio en el que sus compañeros sean más «iguales» si cabe (nivel económico y cultural, procedencia, religión...) puede ser la solución. Elegir un colegio en el que los padres de los alumnos se aproximen lo más posible a los valores familiares y a nuestro nivel económico y cultural es siempre la opción más acertada.

Jóvenes superdotados o con retraso escolar pueden ser igualmente ignorados o acosados por el grupo que no tolera la diferencia. Esto lleva a sufrir a muchos niños, tanto por la soledad, por el acoso moral y las insidias, como por la baja autoestima que genera el reconocimiento y la información de padres y profesores para mejorar dicha autoestima, incrementar su confianza y la percepción que los otros tienen de él, podemos animarle a participar en aquello que mejor hace o más le gusta: escribir relatos, un deporte, aprender idiomas, tocar algún instrumento. Podemos potenciar las actividades que le ayuden al encuentro de los otros (*scouts*, asociaciones religiosas de jóvenes, trabajo voluntario, etc.). También organizar los propios padres actividades que atraigan la compañía de sus compañeros cuando pensemos que esto puede aliviar su soledad: barbacoas, encuentros en la piscina, excursiones y actividades culturales o recreativas.

Cuando los chicos son jóvenes puede formarse un grupo de adultos con hijos de edades o problemáticas (etnia, bilingüismo, retraso escolar) similares. Podemos contar con asociaciones de apoyo, como las que existen para jóvenes superdotados, con dificultades de aprendizaje, etc.

Orientadores y educadores pueden también colaborar organizando clases cooperativas más que competitivas, utilizar técnicas de grupo en el aula como los Estudios de Casos, El grupo de Discusión o el Sistema de Parejas y recompensar el comportamiento social positivo.

La fábula del patito feo se repite cada día en nuestras sociedades en cada recreo donde existe un niño sin nadie con quien jugar. El panorama es desolador para ellos y para sus padres, máxime cuando ya se arrastran preocupaciones añadidas sobre su desarrollo. No obstante, todos los niños, sin excepción, tienen su ritmo, y un sistema que no integra la diferencia será a todas luces injusto.

Sea cual sea la opción, ser diferente, sufrir las consecuencias de la inadaptación de los compañeros no siempre es del todo malo. En la soledad y la melancolía de sus vidas juveniles han comenzado grandes artistas a componer, pintar o escribir. En ocasiones esto potencia la vida interior y con ella la profundización en el estudio. A otros la soledad les ha llegado bajo el influjo de las envidias por el éxito y su elevación educativa. Jonathan Swift, autor de *Los Viajes de Gulliver* (1726), lo explicaba de este modo: «Cuando aparece un verdadero genio en el mundo, lo conoceréis por esta señal: veréis que todos los necios están conjurados contra él».

7.3. Rebeldía juvenil: las drogas, pandillas y el no estudiar como trasgresión

Durante la adolescencia el descubrimiento de que los padres no son realmente las personas que habían idealizado durante la infancia, ni la sociedad como la habían imaginado, puede provocar un conflicto psicológico, que puede desembocar en una crisis de rebeldía. Éstas se traducen en el alejamiento de los progenitores, con sentimientos de soledad y abandono, contrarios a los de acercamiento y protección de la infancia; en ocasiones se produce un enfrentamiento a la religión y los valores inculcados en la familia y el colegio, o manifestaciones de disconformidad propias de la juventud como una excesiva esclavitud a las modas.

El apoyo en un único soporte válido como son los amigos, únicos capaces de comprenderle por hallarse en circunstancias parecidas. Esta nueva situación exige a su vez nuevas formas de comportamiento, el descubrimiento de su personalidad, la búsqueda de sí mismos. No es por ello de extrañar que cierta literatura en torno a disidencias sociales, la búsqueda de la propia personalidad y de una espiritualidad alternativa, sea la preferida de los jóvenes de muchas generaciones. Obras como las de Herman Hess, *Sidarta, Demian* o *El Lobo Estepario*, Carlos Castañeda y las Enseñanzas del Don Juan, o las obras de la generación Beat (término que significa tanto deprimido como místico), y que representó un grupo de escritores contraculturales, Allen Ginsberg, William S. Burroughs y Lawrence Ferlinghetti, de la década de los cincuenta en EE.UU., característicos por su anticonvencionalismo en su obra y en su estilo de vida, que reflejaban un profundo desencanto de la sociedad contemporánea y los valores de la clase media.

Esta melancolía/rebeldía juvenil puede desembocar en la ilusión de renovar completamente la sociedad con sueños idealistas, pero también puede manifestarse tan sólo el desencanto, la decepción e indiferencia, y con ellas la única búsqueda tan sólo del placer inmediato.

Como es de suponer ambas manifestaciones de rebeldía suelen llevar consigo el refugio en grupos de amigos o «pandillas», que se caracterizan por el desprecio a las normas sociales establecidas y tendentes a las conductas antisociales (tribus urbanas, *hooligans* futbolísticos, sectas), pero también en paraísos artificiales (alcohol y drogas). El problema es que si bien las drogas son utilizadas en muchos inicios para superar la melancolía, sus propios efectos a la larga son los de deprimir más al consumidor. Por ejemplo, en el caso del éxtasis, droga de la euforia por excelencia, si los efectos a largo plazo se encuentran aún en estudio, en animales se está demostrando que destruye las neuronas del cerebro y entre ellas las células más dañadas son las encargadas de cuidar el estado de ánimo (serotoninérgicas).

Sin embargo, sería un error intentar abordar el problema de la droga como uno de los importantes dispersores de la atención del joven de los estudios y causa de fracaso escolar; y no, por el contrario, que el propio estudio, en vez de erigirse en una rémora para que el joven con problemas encuentre su equilibrio, pueda convertirse, junto a la profesión, en un refugio y en una fuente de motivación para la vida, por medio de la vocación.

Por otra parte, también es un error creer que es negativa la típica rebeldía juvenil y que siempre desencadena las peores circunstancias. Siempre se ha dicho que el conocimiento es revolucionario y pocas conquistas de la humanidad no fueron en los primeros momentos interpretadas como trasgresión, como rebeldía frente a la ortodoxia establecida. Ya decía el poeta belga Émile Verhaeren que «la inteligencia se ha dado al hombre para dudar», para cuestionar lo establecido.

No podemos pensar por tanto que las trazas rebeldes de una hija o un hijo (pelo largo y enredado, ropa desalineada) son un síntoma de estupidez o de imitación pacata. Tal vez sólo está cuestionando. No cabe ante esta situación seguir el juego de creer que dicha rebeldía se extiende a todos los problemas posibles de conducta, a terrenos en los que tal vez él o ella por suerte no han deparado. Así muchos jóvenes rebeldes hacia la sociedad y sus progenitores se refugian sin dificultad en la vocación y el estudio.

Los especialistas consideran que la rebeldía juvenil es producto tanto de unos padres muy proteccionistas, como de aquellos demasiado distantes, autoritarios o inflexibles. Pero lo cierto es que la rebeldía juvenil es un síntoma de todos los tiempos, parte del cambio, que como dice el sociólogo Alvin Toffler no es parte de la vida, sino la vida misma y que habrá de pasar con la edad, las responsabilidades y la madurez.

Algunos de estos jóvenes trasgresores que fumaban marihuana y proclamaban su animadversión contra el sistema, han terminado siendo presidentes de importantes naciones, o académicos e intelectuales de renombre. Otros ni tan siquiera terminaron la escuela y quedaron en el camino enredados en las drogas o la delincuencia. Muchos de ellos jóvenes de barrios marginales, pero otros tantos hijos de familias acomodadas, incluso alguno de los mejores especialistas en educación. Quiere esto decir que un joven rebelde es patrimonio de todas las familias, y que no siempre afirma demasiado sobre nuestra calidad como padres y educadores. Es, sin embargo, muy doloroso para cualquier padre o madre reflexionar en torno a estas posibilidades; sobre si las drogas son o serán para sus hijos una «enfermedad de juventud», un mero rito de tránsito a la madurez, o por el contrario un grave peligro para su integridad física y psíquica.

Ni que decir tiene que, en lo concerniente al rendimiento escolar, es un hecho que parece lógico y que además ha sido demostrado por diversos estudios sociológicos, la correlación existente entre el consumo de drogas y el retraso escolar y la repetición de cursos. Este mayor número de suspensos también se produce cuando los jóvenes utilizan alcohol y tabaco, y además cuando estas y otras sustancias son utilizadas por alguien de su grupo (Elzo, 92:201).

Todo lo que confirma que las drogas no afectan tan sólo al alumno que las consume, sino que también el hecho de que las utilice alguno de sus compañeros afecta al rendimiento del grupo. Las causas no están muy claras, pero si se ha demostrado que en la lógica de la dinámica de los grupos pequeños, cuando el que consume estupefacientes es un estudiante que se automargina o es marginado en el aula, sus usos y valores no influyen demasiado en el resto de los alumnos. Cuando, por el contrario, es el líder su actitud frente a los estudios y a las drogas tiende a ser imitada por el conjunto de escolares.

En verdad, es una de las grandes cuestiones de los padres y educadores de nuestra época saber por qué los jóvenes se drogan y qué hacer para evitarlo. Las respuestas que se han vertido sobre este problema no son demasiadas y tampoco unánimes.

En cualquier caso nuestra postura obligada es la de proporcionar la suficiente información, la aceptación de la diferencia, el apoyo y la comprensión, pero también la autoridad y un esfuerzo por que los hijos se entrenen para encajar las contrariedades de la existencia, que aumenten su rasero de aceptación de la frustración antes de que entren en contacto con las drogas convencionales o legales y éstas puedan ser su único refugio. También es conveniente que tengan responsabilidades, que encuentren tareas que les llenen de satisfacción y confianza en sí mismos.

Exagerar, por ejemplo, los efectos y consecuencias de las drogas blandas lleva a muchos jóvenes a desconfiar de las versiones de los adultos y a justificar su empleo por su manifiesta inocuidad. Y es cierto que tras fumar un cigarro de hachís no se percibirán impulsos agresivos, sino al contrario, ni mayor dependencia. Como también lo es que, con su consumo habitual, la memoria y otros aspectos de la personalidad se ven negativamente afectados.

Por otra parte, obsesionarse sobre si terminarán consumiendo drogas, sobre sus prácticas de trasgresión (esoterismo, graffiti, botellón) o sus concesiones a las modas, no hará más que disponernos en una posición contraria a la suya, y a nuestros fines de no perder la comunicación con ellos. La complicidad en este terreno es en ocasiones más fácil desde el plano del tutor o el profesor que desde el de los mismos padres, incluso aunque éstos compartan una juventud con importantes concesiones a la rebeldía, incluso gustos musicales.

Otro aspecto a tener en cuenta es el de las comparaciones y lo que nuestros hijos son frente a lo que sería deseable que fuesen. Si las comparaciones siempre se ha dicho son odiosas, se manifiestan doblemente perjudiciales en el ámbito de la enseñanza, pero no sólo eso. Un joven que es prejuzgado por sus resultados en los exámenes de forma cruel y negativa, no hará otra cosa a lo largo de su vida que autorrealizar la profecía impuesta: «eres el peor», «tu hermano es mejor que tú», «tu sólo nos traes problemas», «desde pequeño siempre has sido muy travieso», «rebelde», «así no vas a llegar a nada en la vida», «no quieres y así nunca aprobarás», etc. Con este tipo de mensajes el estudiante no hará más que creer lo que parece obvio y no avanzar ni en su carrera, ni en la vida.

El joven que en su camino a la madurez busca una identidad, un papel en el que resolver todas las incertidumbres sobre su propio comportamiento y el de los demás, en el que sentirse seguro, si sufre este tipo de mensajes cotidianos, será abocado a un papel negativo del que es difícil desencasillarle. Es lo que en sociología se conoce como la profecía que se autorrealiza.

Una madre en la consulta del orientador ha llegado a exclamar: «si es que este hijo, a diferencia de sus hermanos, ha sido así desde que nació, qué digo, desde que estaba en el vientre». El problema del joven era que no había querido estudiar, trabajaba sin crear problemas y pertenecía a un grupo juvenil de moda demasiado barroco en sus manifestaciones estéticas, pero muy pacífico. Siempre vestía de negro y sus padres y sus cinco hermanos consideraban que el chico necesitaba la atención de un psiquiatra. Cuanto mayores eran sus críticas, mayor era el número de abalorios, cadenas y pendientes con los que el joven decoraba su cuerpo, hasta no poder imaginar más adornos. Sin embargo, llegada la tarde en el centro de la ciudad se reunían un buen número de jóvenes de características similares. No podía ser sólo una locura, pero tampoco parecía una moda, «su hijo era así de rebelde desde antes de nacer». Desde el vientre materno había sido comparado con sus hermanos.

Las comparaciones que llevaron a Caín al asesinato de su hermano Abel, y a sus hijos a vagar por el mundo, siguen activadas y haciendo estragos en nuestro inconsciente colectivo. El hermano bueno frente al hermano díscolo. Muchos de estos hermanos «malos» se han vengado de forma más constructiva triunfando en su vida adulta en el arte, la ciencia, la música, la literatura, los negocios, la fotografía...Tras un joven rebelde puede encontrarse un alma sensible que busca reafirmarse o defenderse. En otras palabras, debemos aceptar lo que tantos padres saben, la diferencia, la pluralidad de caracteres entre nuestros hijos y entre éstos y sus iguales. Y no sólo eso, es nuestra responsabilidad como adultos conseguir que cada forma de ser, que cada estilo y cultura, encuentre un espacio en la sociedad.

> Debe tenerse en cuenta que las comparaciones consiguen, cuando menos, efectos contrarios a los esperados.

Tampoco está de más comprobar ante un retraso en los estudios si el abuso de alguna sustancia puede estar afectando el rendimiento, y tal vez estamos a tiempo de incentivar comportamientos de ocio más sanos, como los viajes, el montañismo, el deporte, el cine, y un largo etcétera.

Es triste observar como jóvenes con interés y capacidad para el estudio y desempeño de su carrera acuden casi dormidos o sin la suficiente concentración a clases que, a pesar de todo, les interesan. A veces una mayor atención de los padres puede ser suficiente, un empujón para que se centren en las materias, para que piensen menos y avancen más: comenzar a colaborar con una asociación, a compaginar los estudios con el trabajo, por ejemplo. Si hay tiempo para diversión y resaca, también lo habrá para comenzar a dar los primeros pasos como profesionales. Cuando la problemática de adicción a las drogas duras es un hecho, y esto es menester que sea confirmado y no confundirlo con los coqueteos habituales con algunas sustancias, es conveniente buscar consejo médico, grupos de autoayuda para nosotros y el joven, y si es posible, intentar separarle de su entorno habitual sin que esto signifique aislamiento, ni privarle de contactos con personas de su edad, sino más bien, procurarle nuevas relaciones de amigos.

Si el problema es simplemente que se ha instalado en determinadas formas de expresión juvenil (tribus urbanas, p.e.), una forma de conseguir que se centre mínimamente en los estudios es hacerle ver que su adscripción deportiva, política, cultural o artística no es incompatible con el estudio, sino todo lo contrario, los estudios son de interés para lograr sus objetivos: conocer mundo, ingresar en el equipo de una universidad, conocer gente, viajar, componer música, pintar, escribir, las ciencias sociales o la política, la solidaridad..., actividades que muchos jóvenes colocan en una posición de privilegio entre sus intereses, y que todas ellas son realizables a través de los estudios, aunque dichos objetivos no sean la ilusión de sus padres. Por tanto, no es malo que los jóvenes muestren intereses, que tan sólo son una manifestación de inquietudes vocacionales, y con ella, capacidad para aprender, y una mayor disposición para superar determinadas carreras.

En otras palabras, tenemos que ayudarles a comprender que los retos superan el placer y la satisfacción que en primera instancia aporta la comodidad y la desidia.

Si realmente nos encontramos convencidos de que el problema reside en su falta de preparación para el trabajo, de capacidad para esforzarse, será beneficiosa su participación en deportes de competición, o bien en aquellos que exijan voluntad y disciplina. Asimismo, la ayuda en las tareas domésticas o la realización de trabajos esporádicos, pueden contribuir a que comprendan que el estudio no es el peor de los trabajos posibles, sino, por el contrario, un privilegio.

En esos momentos tan complicados para la educación como hemos dicho es la adolescencia, el interés por la felicidad y la salud física y psíquica de nuestros hijos debe primar por encima del interés en su evolución académica, que siempre podrá retomar. La actitud ante los cambios típicos en estas edades será la de no alarmarse, no concederle el protagonismo que el joven pretende, ni tampoco subestimarlo, intentando aceptar a cada hijo como se manifiesta. Debe verse el lado creativo, el que muestra la dirección de sus aptitudes profesionales y sus preferencias, en los conatos de rebeldía típicos (música, vestimenta, nuevas amistades y lecturas).

Si los padres deben salvaguardar su autoridad, ser padres y no sólo amigos, también será su obligación facilitar a los hijos ese tránsito difícil a la madurez resolviendo sus incertidumbres, más que representando la faz de sus problemas. En cuanto al carácter edificante de sus aficiones, mejor será que comiencen a desarrollar aptitudes propias de actores, artistas, escritores, músicos, políticos, deportistas, guías turísticos, religiosos, periodistas, voluntarios en una ONG, o cualquier otra profesión o actividad que suelen gustar tanto a los jóvenes, y que pueden compatibilizarse con los estudios, a que pierdan años cruciales de su formación repitiendo cursos, formándose en la triste vocación de vago, incomprendido, inadaptado, o sucumbiendo en callejones sin salida. No debe desdeñarse la posibilidad de que una vocación temprana (por ejemplo por la música o el teatro), le haga convertirse en un buen profesional, aunque los padres lo vivamos como una amenaza para sus estudios, sobre todo cuando su tiempo se concentra en el hobby, mientras para muchas de estas profesiones es también necesaria la superación de un grado académico. Comenzar a formarse en una disciplina, en una profesión desde muy joven, proporciona una ventaja competitiva frente a aquellos que ingresan una vez finalizados sus estudios, ya sea en los idiomas, la interpretación, la política, la música, etc.

Siempre existe la oportunidad de retomar una carrera universitaria si es realmente este el interés de una persona. También habrá que tenerse en cuenta que, a partir de la mayoría de edad, la posibilidad de decidir sobre el propio destino es una elección que atañe a cada individuo. Los padres pueden pensar que su hijo se arrepentirá cuando sea adulto por haber perdido ciertas oportunidades pensarán también en su responsabilidad para que esto no ocurra. Ante la decisión de obligar a los hijos a ser y estudiar lo que socialmente se presenta como más útil, prestigioso y adecuado, o por el contrario dejarles hacer, la solución que se impone como más positiva, al igual que en otros terrenos de las relaciones humanas, es la negociación el mejor camino: poner de manifiesto las diferentes posturas, intentar comprender los argumentos de ambas partes, respeto y asunción de los derechos, pero también de las obligaciones inherentes a cualquier decisión y en absoluto anticipar la catástrofe.

7.4. Otras dificultades

Si los padres desean que los hijos estudien, a ciertas edades, el interés de sus hijos se centra en descubrir la vida, superar la angustia que produce el tránsito a la madurez, las relaciones con el sexo contrario, evadirse de la realidad, la música, la aceptación y admiración de sus iguales... Esto quiere decir que los chicos y chicas se orientarán al estudio siempre que sea un acicate para saciar la curiosidad, la propia aventura de vivir, identificarse, autoafirmarse, sentirse bien, ser aceptados o admirados, y no para apartarse de todo ello y «contentar a sus padres».

Es por todo ello recomendable la intervención de un interlocutor que desde un punto intermedio medie en los problemas escolares y generacionales. Puede ser un familiar, vecino, profesor o tutor.

Mensaje para estudiantes indecisos entre el favor de los compañeros o las notas

Si crees que esos «empollones» que se sientan en primera fila y hacen preguntas suelen carecer de amigos, tú puedes hacer un intento: formular las más oportunas y no competitivas o demostrativas. Si tu interés es sincero por aquello que buscas y lo expresas, si tratas a los profesores como personas, no como superiores o adversarios y la fuerza la demuestras haciendo lo que tú quieres y no lo que quiere la mayoría, tus amigos lo entenderán y obtendrás las dos cosas, amistad, independencia y un verano y un futuro feliz.

Mensaje para jóvenes que estudian para hacer un favor a sus padres y por eso no sacan buenas notas

Cuando estudiar no parte de una elección personal el interés no nos ayuda a profundizar y asimilar convenientemente las materias. Es un aprendizaje superficial. Si seguir estudiando es lo que deseas, escribe un sí gigantesco en la primera hoja de tu cuaderno. Si por el contrario estudias porque tus padres te obligan, pero no quieres hacerlo y no lo harás, sé honesto contigo mismo y da el paso a tiempo. Habla sinceramente con ellos. Pregúntales sobre otras posibilidades de desarrollar tu vida profesional; diles que en cualquiera de las opciones siempre se podrían establecer convalidaciones con la carrera académica, volver a estudiar cuando seas mayor, y sobre todo, no malgastar el tiempo, el dinero y sus expectativas sobre ti. Como recuerda el Dr. Lair «¡No vivas la vida de los demás sino la tuya!» (97:89).

Mensaje para estudiantes que por rebeldía no estudian

Si no estudias porque el estudio te produce malas vibraciones, porque el estudio no se integra en tu forma de ser, en tu grupo y en esa actitud de rechazar contundentemente las convenciones sociales, o el autoritario sistema educativo, medita sobre la posibilidad de encontrar otro método más benévolo contigo mismo, y más efectivo como agente de cambio. Por ejemplo el arte alternativo, la literatura, una ONG, un movimiento político, la música, la moda, ser tu mismo profesor pasados unos años, o sencillamente edificando tu independencia sobre la sólida base de la autosuficiencia económica con una beca, o trabajando a tiempo parcial. No obstante, como este no es el mejor momento para decidirlo, sino de avanzar hacia estas y otras posibilidades aprobando el curso o la selectividad, pospón la decisión para dentro de unos meses y estudia para salirte con la tuya.

Mensaje para los estudiantes que quieren estudiar pero se ponen enfermos cuando lo piensan

Cuando algún hecho o actividad nos hace sufrir es porque nuestra mente lo asocia con algo desagradable, generalmente en el caso del estudio con la condición de no divertirse, con episodios de nervios, temor o fracaso. Pero esto no tiene que ser así sin otra solución. Aprender puede ser divertido, incluso placentero cuando se inserta en nuestra experiencia vital, cuando lo que aprendemos resulta útil a nuestros fines. Estudiar no sirve sólo para aprobar, sino que además carga de sentido nuestra existencia, es tu profesión actual, y como todas las profesiones, tiene su parte menos amable, y su parte buena. Intenta ver la enseñanza que para la vida te aportan los conocimientos que estás adquiriendo. Intenta que estudiar sea divertido: cambio de colores al subrayar apuntes, fichas de resumen que facilitan el repaso, etc. Intenta acceder en ciber-cafés, en tu hogar o en el de un amigo al uso de juegos informáticos para el aprendizaje de esa asignatura hueso. Muchos alumnos que suspenden el idioma mejoran al conocer el país en el que se habla o amigos nativos, otros asociando el momento de estudiar una asignatura que les desagrada con la degustación de chocolate o su dulce preferido. ¡Haz la prueba! El truco es empezar, ponerse a ello sin vacilaciones. Y si ese momento se retrasa porque nos parece sumamente angustioso, podemos premiarnos con un dulce en el momento de sentarlos, y con la realización de nuestra actividad preferida una vez hayamos alcanzado los objetivos marcados para ese día. Si la aversión al estudio ha llegado al grado de una «fobia», es importante visitar al orientador del centro de estudios, pero mientras tanto intenta exponerte poco a poco con las asignaturas que más te gusten y con refuerzos («premios») asociados suficientes. Lee también el siguiente consejo y no postergues el momento de enfrentarte al problema.

Mensaje para esos estudiantes que quieren estudiar pero que nunca encuentran el mejor momento

Enterrarás todas las excusas. Aprenderás a posponer los «sí, pero es que», y éstos y la tendencia a la abstracción los sustituirás, de ahora en adelante, por voluntad de acción. Objetivos concretos, evaluando si con nuestras acciones nos estamos acercando a nuestra meta final. Intenta practicar algún deporte, podrá ayudarte a salvar el abismo de la pasividad. Consigue un cuaderno de bolsillo con atractivos colores, haz listas de los deberes pendientes para el día en curso y tacha cada uno que vayas consiguiendo realizar. Cuando sufras la tentación de posponer para el minuto o el día siguiente, o de buscar excusas para no emprender la acción, piensa que esa es la Gran Trampa. Otras disculpas como el profesor me coge manía, la asignatura es imposible, o no lo voy a conseguir, son formas de evitar ser dueño de tus actos y de tu futuro. Evita el miedo al triunfo tanto como el miedo al fracaso. Comienza por el principio, y no lo olvides, lo primero, lo más importante es siempre antes, avanza poco a poco desde antes de esa lección en donde te quedaste sin atender ni entender. Es natural odiar lo que no se entiende, pero también es necesaria la confusión como estadio previo al conocimiento y la aprehensión de los contenidos que desconocemos y seguramente terminarán gustándonos. La recompensa es el placer de la consecución, de ser capaz de superar obstáculos, de crear tus propias circunstancias.

Piensa qué es lo que más te gustaría hacer con tu vida; es posible que esto pase por estudiar ahora, y cuanto antes consigas dominar las asignaturas mejor. Puede ser hasta divertido si te metes en materia. En cualquier caso será preferible a perder tus días con recuperaciones y lamentaciones. Pero también puede que simplemente no encuentres el sentido a estudiar todo cuanto tienes sobre tu mesa. En este caso te recomiendo que intentes desempeñar de forma ficticia o real el papel de cualquiera de tus padres en un día normal, puedes, si esto es posible, sustituirles en algunas de sus tareas (conducir hasta una ciudad cercana, llevar la contabilidad de la casa, leer el periódico, hacer la declaración de la renta, programar el vídeo, contestar correspondencia comercial y personal, etc.). ¿Sigues pensando que no sirve para nada estudiar?

Mensaje para esos estudiantes que quieren cambiar de actitud y no lo consiguen

Hay que soñar y visualizar, verse ya como ese estudiante constante, eficaz y brillante que has decidido ser. Uno debe comportarse como si ya lo fuese y todo será más fácil. Es como en los «juegos de rol». Frente a tus compañeros y tu familia, te proponemos un ejercicio de personalidad. Es duro imponerse como «estudiante ejemplar» frente a los amigos con los que se ha estado pasándolo tan bien en esa última fila; sin embargo, no será difícil hacerles entender el interés que tienes por salvar el curso para poder llevar a cabo tus proyectos del verano. Tu familia, aunque te presione para estudiar, puede olvidar en ocasiones bajar la tele, organizar los planes más sugerentes en plenas fechas de exámenes; ellos también deben comprometerse contigo para que todo cambie. Estás haciendo un esfuerzo y debes imponer tu derecho a la concentración. Tu futuro es tuyo, y lo que hagas con tu vida, en último término, sólo te afectará a ti. Ten coraje y adelante.

Mensaje para los estudiantes que quieren pero no pueden concentrarse

Intenta coger apuntes mientras estudias sobre un libro, hacer esquemas, o mejorar los que coges en clase, así tu nivel de concentración aumentará. Ingerir unos cuantos frutos secos (cacahuetes, almendras, avellanas, piñones, etc.) te ayudará a concentrarte mejor. Será más fácil estudiar cada día alguna lección antes que el último día si tu problema es la concentración. Comienza a estudiar las asignaturas más difíciles pero desde lo más sencillo y poco a poco, cambia a menudo de asignatura. Pero si piensas que la falta de concentración se debe a que tu mente está ocupándose de otros problemas, intenta resolverlos lo antes posible.

7.5. Diviértase con ellos

Uno de los principales problemas que afronta la familia en la sociedad actual es que ambos cónyuges trabajan demasiado. La alta competitividad que exigen las economías a escala internacional, globalizadas como se han dado en llamar, revierte en la precarización del empleo y la autoexplotación del trabajo autónomo. La importancia que se concede al dinero, a la capacidad de consumo se antepone a otros aspectos tradicionales, como la convivencia entre parientes, el ocio con otras familias, la vida espiritual o de colaboración en los ritos y las costumbres de nuestra comunidad. Como afirma la doctora María Angeles Durán, se ha pasado de una familia para la procreación al matrimonio de amistad. Ahora todos competimos, todos trabajamos más y más tiempo.

En este contexto la dedicación a la ayuda del estudio de nuestros hijos puede ser menor y también el interés y la atención. Las madres ya no pueden encargarse de la descendencia durante todo el día, su papel se delega a cuidadores y educadores. Estos factores favorecen la independencia de las nuevas generaciones, pero no ocurre lo mismo con el rendimiento escolar. Si las instituciones educativas constatan un rendimiento decreciente en las últimas generaciones, el problema concierne tanto al sistema educativo como a las familias.

Las labores que en la familia tradicional han sido encomendadas a las mujeres no sólo son de servicio, dependientes, afectivas y no instrumentales, sino que además no se mercantilizan, y en una sociedad que valora sobre todo los rendimientos económicos, éstas pasan a ser relegadas o subcontratadas a personas dispuestas a hacerlo a cambio de un precio (cuidado de los ancianos, profesores particulares, niñeras, educadores y logopedas). La crianza, la educación y el cuidado de jóvenes y ancianos no se comparte entre los dos cónyuges como cabría esperar. Por otra parte, sería todo demasiado simple si, en el aprender a hablar, a vivir, a ser o a morir, pudiera ser sustituido el alcance del amor de la fraterno por la pericia profesional. Tampoco lo son los valores morales y espirituales que dicha dedicación conlleva, incluso cuando pagarlo suponga un gran sacrificio. Sin embargo, el «tren de vida» no deja demasiadas alternativas a los padres y las madres, obligados a mantener el ritmo de competencia que imprimen los tiempos.

Ponerse a repasar con los niños, «perder» el tiempo jugando, o ayudándoles a encontrar amigos, asociaciones, redes de contacto para que un joven realice sus sueños vocacionales, requiere una dedicación y una paciencia, que no siempre se tiene a la vuelta de una dura jornada de trabajo.

Tan importante es la relación con los progenitores, en especial con la madre, que recientes estudios de la Universidad de Columbia en Nueva York han demostrado que la conducta suicida nunca es sólo fruto de una situación vital límite por un gran estrés o sufrimiento, sino que se gesta en el seno familiar a partir de dos factores de riesgo: la genética y todo lo relacionado con los padres. John Mann, jefe de la sección de Neurociencias en dicha universidad, considerado una primera autoridad mundial en los factores psicosociales del suicidio lo ha comprobado. «En investigaciones *post mortem* con técnicas de neuroimagen hemos visto que el cerebro de los suicidas presenta niveles más bajos de serotonina en la corteza prefrontal, relacionada con la impulsividad», afirmó el Dr. Mann en su última visita a Europa. Asimismo, en sus estudios con monos demostró que cuando estos animales eran privados de la compañía materna presentaban unos niveles más bajos de serotonina. Estos monos sin madre eran mucho más agresivos e impulsivos. Igualmente, las investigaciones de Mann y su equipo han hallado en adultos sometidos a malos tratos en la infancia que presentan más riesgo de impulsividad y de conductas suicidas. «La falta de cariño y los malos tratos en la niñez generan un estrés que condiciona alteraciones de la noradrenalina», añade el psiquiatra. Estudios en cerebros han permitido ver que los suicidas presentan más estrés y niveles más bajos de este neurotransmisor.

Es fácil suponer que si el papel del amor de la madre en la crianza es tan fundamental para la integridad psíquica, incluso física, de los individuos, con la educación ocurra otro tanto.

Hace ya algunos años unos padres me comentaban el efecto de las palabras de un psiquiatra en la adicción a la droga de su hijo. El médico, delante del chico, hijo único de dieciocho años, aconsejó a sus padres ponerle en un avión camino de Tailandia y olvidar su existencia. Algo imposible para cualquier padre o madre, pero que daba una idea de las pocas esperanzas que el médico, que conocía a la familia, tenía en su recuperación. Cuando me relataban la consulta, Teo, que así se llamaba el chico, había terminado su carrera de Ingeniero de Telecomunicaciones con buenas notas, se había casado y paseaba junto a sus padres por las playas del norte. No podemos decir lo mismo de muchos de sus compañeros de desventuras, pero sí que él contó con dos pilares fundamentales, el amor (de sus padres y su mujer) y una fuerte vocación. Apoyos capaces de amortiguar y entretener su extrema sensibilidad.

Algunos jóvenes drogadictos relatan con nostalgia los tiempos en los que cultivaban la poesía, la música o algún deporte. Si bien en ocasiones su adicción puede hallarse en estrecha relación con un ambiente marginal, en los casos de familias acomodadas, es interesante preguntarnos qué hubiese sido de ellos de haber encontrado la forma de canalizar sus fuerzas y relaciones sociales en torno a ese «poso vocacional» y no en torno al alcohol y los estupefacientes.

Goethe decía que el talento se cultiva en soledad, mientras el carácter se forja en las tempestuosas oleadas del mundo. Que ocurra esto último es más complejo en nuestros días, en los que las drogas y otros bálsamos se encuentran más próximos que el afrontamiento como virtud. Soluciones inmediatas que no sólo debilitan el carácter, sino que, además, pueden dar al traste con «cualquier embarcación», sobre todo, durante la adolescencia.

Ya hemos visto que no es fácil enriquecer las experiencias de nuestros hijos y practicar o cultivar con ellos sus inquietudes y aficiones, cuando los padres no siempre tenemos el tiempo necesario. Sin embargo, en la medida de nuestras posibilidades, nos conviene atender a las palabras de Beltrand Russell, que en su libro la *Conquista de la Felicidad* en donde afirmaba que el secreto de ésta se encuentra en tener intereses tan amplios como sea posible. Esto justificaría la mayor prevalencia de las drogas, la delincuencia y el fracaso escolar en los poblados en donde las carencias culturales y económicas privan a los jóvenes de ningún otro estímulo que no sea el mundo de la calle y la marginalidad.

Si hasta ahora nos hemos ocupado de los graves problemas que pueden aparecer cuando perdemos la comunicación con nuestros hijos, vamos a centrarnos en lo que podemos hacer cuando todavía son pequeños, cuando estamos a tiempo de cultivar intereses e inculcar esos valores que le ayuden a no sentirse desarraigado y que la vida no tiene sentido con la llegada de la siempre difícil adolescencia.

– Se aconseja ofrecer buenos modelos de sociabilidad a sus hijos mediante su propio comportamiento. Si quiere que su hijo se respete y respete la vida y la de los demás, es conveniente eleogiar el comportamiento social positivo.
– Participe con él y con el resto de la familia en las tareas del hogar y en otras actividades de forma cooperativa y como si de un juego se tratase. No le dé las cosas hechas.
– Desarrolle la responsabilidad, el sentido del deber y la gratitud.
– Negocie frente a los conflictos interpersonales, no intente decir siempre la última palabra.
– Favorezca su autonomía y su sentido crítico.
– Que aprenda a apreciar lo que tiene y lo que cuesta ganarlo.
– Para establecer un verdadero clima de comunicación es más importante escuchar que hablar. Más hacer comprender que obedezcan.
– Enriquezca su mundo con distintas experiencias.
– Encauce sus aficiones posibilitándole el acceso a los grupos sociales con intereses comunes, aunque éstos no entren dentro de las preferencias del padre o la madre. Grupos de oración, deportivos, coros, talleres de arte, fotografía, escritura, senderismo, comunidades virtuales, voluntariado, activismo social, etc.

Y sobre todo, juegue con ellos. El juego tiene un potencial educativo que todavía no ha sido suficientemente reconocido y que hace del empleo del ocio con nuestros hijos el mejor instrumento para prevenir otros problemas. Si bien, a partir de cierta edad, son ellos los que huyen del regazo de las familias para correr bajo el cobijo y la comprensión de sus iguales, es en la más temprana edad cuando podrán adiestrarse en la vida cotidiana entendida como juego justo, el aprendizaje de las emociones positivas y los valores. Anímelos a que se diviertan estudiando, limpiando y recogiendo, viajando, incluso jugando. Que lo que sus padres quieren para ellos y su tiempo no sea el tedio, los áridos estudios, frente a la diversión del mundo exterior repleto de promesas. No les niegue la información sobre ningún interés, y cuando no la tenga, corra a por ella en equipo. La investigación también será un juego muy instructivo. Comience a vivir con ellos los estudios como parte del proceso de descubrimiento del mundo. Como una verdadera investigación en la que se separa todo lo falso de lo cierto, pero en la que caben todas las hipótesis, todas las posibilidades.

Resumen

Los factores considerados más comunes de dispersión del interés de los jóvenes frente al estudio suelen ser la televisión y los audiovisuales, incluido el ordenador, el deporte, las salidas nocturnas y el alcohol. Todos estos factores entrañan determinadas consecuencias que pujan en contra del rendimiento escolar, pero también a favor. Así el ordenador puede constituirse en un aliado del estudio, y el deporte, en un complemento de valor inestimable. La solución se encuentra en algo tan complicado para los jóvenes como hallar la justa medida. Incluso las salidas, la aventura y el esparcimiento son necesarios para complementar una vida de estudio equilibrada. Es fácil estimar el valor de la moderación si también la exigencia, el autocontrol y la administración del tiempo que hacen sus padres son moderados.

Más complicadas suelen resultar otras problemáticas acuciantes para muchos jóvenes, a la hora de ejercer un apoyo como padres, madres o educadores. Soledad, inadaptación, indolencia, rebeldía o agresividad, suelen ser problemas que dificultan no sólo el rendimiento escolar, sino además el correcto desarrollo y socialización de muchos niños y adolescentes.

La solución, si bien no es fácil, conviene procurarla antes de que los hijos sean demasiado mayores, en forma de comunicación, estimulación de una diversidad de aficiones e intereses, respeto por la diferencia, potenciar la voluntad, entrenamiento en el esfuerzo y la resistencia a la frustración, además de dándoles facilidades para el encuentro de sus iguales en ámbitos que no restrinjan su personalidad ni sus capacidades.

Epílogo

Escribir un libro no debe ser un trabajo evidente, escribía el gran sociólogo contemporáneo Manuel Castell hace ya veinte años abriendo una discusión entre teoría política y problemas sociales. Y cito estas palabras porque terminando las últimas líneas de este libro pudiera parecer que muchos de sus consejos resultan conocidos, otros evidentes, cuando no intuidos. No es de extrañar, ya que mi labor ha sido tan sólo la de trasladar la experiencia y las enseñanzas que otros maestros me inculcaron. He ahí una de las reglas más fascinantes de esta profesión que es la docencia.

La educación es la disciplina sobre la que toda la humanidad ha debido improvisar desde tiempos remotos para acudir, siempre lo mejor posible, al adiestramiento de los más jóvenes. No es de extrañar, por tanto, que en ocasiones la teoría educativa se antoje como un ejercicio de sentido común, que no de lugares comunes. Con coqueteos con todas las ciencias sociales y del comportamiento. Intemporalidad de la que no disfrutan otras disciplinas, ni saberes. Tanto es así que una poesía que adornaba nuestros cuadernos juveniles, como también lo hiciera en el de nuestros padres, ahora podamos repetirla a nuestros hijos y alumnos a sabiendas de cuánta influencia obtuvimos de ella en nuestra decisión vocacional y en nuestra «esperanza de éxito».

El éxito comienza con la voluntad

Si piensas que estás vencido lo estarás.
Si piensas que no te atreves, no lo harás.

Si piensas que te gustaría ganar pero no puedes
no lo lograrás.
Si piensas que perderás ya has perdido.
Porque en el mundo encontrarás
que el éxito comienza con la voluntad del hombre.
Todo está en el estado mental.
Porque muchas carreras se han perdido
antes de haberse corrido,
y muchos cobardes han fracasado antes de haber su trabajo empezado.
Piensa en grande y tus hechos crecerán,
piensa en pequeño y quedarás atrás,
piensa que puedes y podrás.
Todo está en el estado mental.
Si piensas que estás aventajado, lo estarás.
Tienes que pensar bien para elevarte.
Tienes que estar seguro de ti mismo,
Antes de intentar ganar el premio.

La batalla de la vida no siempre la gana
El hombre más fuerte, o el más ligero,
porque, tarde o temprano, el hombre que gana
Es aquel que cree poder hacerlo.

Dr. Christian Barnard
(Primer cirujano en hacer un trasplante de corazón.)

Vocabulario

ACTITUD: Disposición psíquica y nerviosa, organizada por la experiencia, que ejerce una influencia orientadora o dinámica o sobre las reacciones del individuo con todos los objetos y situaciones con los que está relacionada (Allport).

ANÁLISIS DE ÍTEMS: Análisis de ejercicios, procedimientos para la obtención de valores característicos en ejercicios y para la selección de ítems con el fin de mejorar los criterios de fiabilidad y validez. Se lleva a cabo en la fase de construcción de los tests. Para que los resultados del análisis sean efectivos para el empleo posterior de los tests, es necesaria la representatividad de la muestra y de la población.

APRENDIZAJE: Es un proceso mediante el cual se produce una modificación relativamente estable de la conducta gracias al ejercicio de la misma.

APTITUD (ES): Capacidad o disposición, natural o adquirida, para efectuar una actividad con éxito.

ATENCIÓN: Proceso de focalización perceptiva que incrementa la conciencia clara y distinta de un núcleo central de estímulos, en cuyo entorno quedan otros más difusamente percibidos (Pinillos, 1975).

AUTOSCOPIA: Técnica consistente en tomar conciencia de la propia imagen, generalmente a través de la técnica de grabación y visionado.

BATERÍA DE TEST: Combinación de tests que tiene por objeto potenciar la validez de una característica medida. Los tests, por tanto, no se reúnen en batería indiscriminadamente, sino que se seleccionan para incrementar su validez. La interrelación de los distintos tests se orienta en la batería según la dimensionalidad de la característica a medir. Cuando existe un alto grado de correlación entre los tests, se habla de batería homogénea. La batería heterogénea se caracteriza por la correlación débil entre los distintos tests.

CAPITAL HUMANO: Cantidad de conocimientos técnicos y cualificados que posee la población trabajadora de un país, procedente de la educación formal y de la formación en el trabajo.

CASTIGO: El castigo es un procedimiento en el cual la presentación de un estímulo contingente a una conducta reduce la tasa de emisión de conducta.

COCIENTE INTELECTUAL: Índice cuantitativo de desarrollo mental, expuesto inicialmente por Stern, que resulta de dividir la edad mental por la edad cronológica.

COGNICIÓN: La cognición es el procesamiento consciente de pensamientos e imágenes. El significado básico de esta palabra es simplemente «conocimiento».

CONDICIONAMIENTO: «Proceso dinámico mediante el cual un organismo aprende a dar respuestas específicas ante una determinada situación, que emana de la relación producida entre su conducta y la aparición de circunstancias especiales evocadoras, mantenedoras o reforzadoras de sus mecanismos y formas actuales».

CONDUCTA: Conducta es cualquier cosa que un organismo haga, cualquiera de sus acciones. Se considera que las respuestas motoras o endocrinas a los estímulos son tipos de conducta.

CONDUCTISMO (Behaviorisno): «Escuela psicológica cuyo objeto de estudio es la conducta observable verificable objetivamente, rechazando los resultados de la introspección, puramente subjetivos y sin posibilidades de ser sometidos a contraste por diferentes observaciones».

CUESTIONARIO: Serie de preguntas elaborada para un interrogatorio sistemático de las personas.

CURVA DEL APRENDIZAJE: Representación gráfica del éxito en el aprendizaje como fuerza de conducta adquirida, en función de los distintos ensayos (trials). La fuerza de la conducta aumenta con el número de intentos; la curva se aproxima a un valor asintótico de esa fuerza y la magnitud del aumento es tanto más pequeña de esa fuerza y la magnitud del aumento es tanto más pequeña cuanto más intentos se hayan realizado.

DINÁMICA DE GRUPO: Un grupo está formado por un colectivo de personas, las cuales, desempeñando cada una un rol, convergen en unos objetivos comunes, mayoritariamente compartidos, generando un sistema de pautas y reglas en su comportamiento grupal.

DISCENTE: Dícese de la persona que recibe enseñanza, estudiante o persona que cursa estudios.

DISLEXIA: Trastorno de aprendizaje que se manifiesta en la aparición de dificultades especiales en el aprendizaje de la lectura en un niño con edad suficiente, sometido a un proceso de escolarización y que no padece eficiencias intelectuales ni trastornos sensoriales o neurológicos que lo justifiquen.

DISPOSICIÓN PARA EL APRENDIZAJE: Es la capacidad de transferir en forma eficaz una conducta aprendida en conexión con un conjunto original de tareas, haciéndola extensiva a una tarea distinta.

DOCENTE: Que enseña, perteneciente o relativo a la enseñanza.

EDUCACIÓN: Proceso por el cual un grupo étnico-social transmite a sus nuevos miembros su propia cultura (endoenculturación) y su propio sistema social (socialización).

ENSEÑANZA ACTIVA: Ver *método activo*.

ESTEREOTIPO: En psicología social se llama estereotipo a un conjunto fijo de atributos que el observador de un grupo determinado adjudica a todos sus integrantes.

ESTRÉS: Es el sistema de fuerzas internas, orgánicas o psicológicas que tienden a producir tensión y desgaste en el cuerpo.

EVALUACIÓN: Proceso sistemático mediante el cual se recoge información y se interpreta con objeto de emitir juicios que orienten la toma de decisiones acerca de la instrucción.

FRACASO ESCOLAR: Fracaso escolar es la discrepancia negativa entre las posibilidades reales de un alumno y su rendimiento escolar valorado negativamente.

GRUPOS FORMALES: Se denomina así a los grupos constituidos por la organización, con arreglo a las necesidades y objetivos técnicos, para realizar determinadas tareas previamente proyectadas y definidas.

GRUPOS INFORMALES: Agrupaciones orgánicas naturales de miembros de una organización, cuya finalidad consiste especialmente en satisfacer las necesidades sociales que se producen en el puesto de trabajo y en el tiempo libre.

GRUPOS NATURALES: Son grupos a los que el hombre tiene que pertenecer forzosamente para poder vivir sin perjuicios. Estos grupos son la familia, los grupos de jóvenes y los grupos de trabajo.

INADAPTACIÓN ESCOLAR: La inadaptación escolar es la falta de armonía existente entre las motivaciones y aptitudes fundamentales del alumno y la conducta visible que manifiesta ante las tareas del medio escolar (Jiménez, 1979, p. 29).

INSTRUCCIÓN: Proceso de enseñanza-aprendizaje dirigido a metas con un mayor o menor grado de planificación previa (Romiszowski).

INTELIGENCIA: La inteligencia puede definirse «como la aptitud para reaccionar de manera oportuna en presencia de situaciones nuevas» (H. Wallon). «Constituye el estado de equilibrio hacia el cual tienden todas las adaptaciones sucesivas de orden senso-motor y cognitivo, así como todos los intercambios asimiladores y acomodadores entre el organismo y el medio» (J. Piaget).

MÉTODO ACTIVO DE FORMACIÓN: Método pedagógico de formación en grupo, que implica una participación constante de los individuos en su propia formación, siendo la aplicación el objetivo directivo y la transformación de las actitudes uno de sus más eficaces medios de acción.

MICROENSEÑANZA: Consiste en repetir y evaluar unos mismos conocimientos hasta dominarlos.

MOTIVACIÓN: «Conjunto de procesos implicados en la activación, dirección y mantenimiento de la conducta». En el contexto escolar, Good y Grophy (1983) afirman que el término motivación «designa el grado de participación y perseverancia de los alumnos en la tarea, cualquiera que sea la índole de la misma».

MOTRICIDAD: El término motricidad hace referencia a la capacidad de movimiento, tanto en lo concerniente a los desplazamientos en el espacio como a la acción de los diferentes grupos de músculos sobre cualquiera de las partes del propio cuerpo.

PSICOMOTRICIDAD: «Facultad que permite, facilita y potencia el desarrollo perceptivo físico, psíquico y social del sujeto a través del movimiento».

REFUERZO: Cualquier objeto, suceso o proceso que aumenta la probabilidad de que una respuesta específica se repita en circunstancias similares.

SOCIALIZACIÓN: Proceso mediante el cual el individuo, a partir de la interacción con la sociedad, incorpora unas pautas de comportamiento, roles, costumbres y normas que orientarán su conducta dentro del grupo social al que pertenece.

SUPERDOTADO: Individuos que son identificados en virtud de aptitudes potencialmente excepcionales en áreas como inteligencia general, pensamiento creativo o productivo, capacidad psicomotora, capacidad de liderazgo y capacidad para la ejecución de artes visuales y representativas.

TEST: Un test psicológico es una situación experimental en la cual se provoca una conducta, se estudia obviamente y, en su caso, se mide.

Bibliografía

AGNEW, M. y otros (1998): *Cómo aprobar sin grandes esfuerzos*. Madrid: S.M.

BELDA FUERO, Miguel (1996): *Las herramientas del trabajo intelectual* / [Miguel Belda Fuero] Valencia: Institut de Batxillerat a Distància de la Comunitat de València, D.L.

BELL, D. (1976): *El advenimiento de la sociedad post-industrial*. Madrid: Alianza.

BELTRÁN LLERA, Jesús (2000): *Educar para el siglo XXI: crecer, pensar y convivir en familia*. Madrid: CCS.

BIRKENBIHL, Michael (1996): *Formación de formadores*. Madrid: Paraninfo.

BLANQUET, Jesús (1996): *Técnicas de estudio*: [área, tutoría] / J. Blanquet: 1ª ed. Barcelona: Almadraba.

BLASCHKE, J. y PALAO PONS, P.: *Ideas y trucos para estudiar y superar exámenes*. Barcelona. Madrid: Robinbook.

BLAUG, M. (1981): *Educación y empleo*. Madrid: Instituto de Estudios Económicos.

BUCKLEY, R. y CAPLE, J. (1990): *La formación, teoría y práctica*, traducción al español de *The Theory and Practice of Training*, por la De. Kogan Page. Madrid: Díaz de Santos.

BUSH, Wilma, Jo, Giles, M. Taylor (1988): *Cómo desarrollar las aptitudes psico-lingüísticas: ejercicios prácticos*; [traducido al castellano por Antonio Coy] Barcelona: Martínez Roca, 1988, p. 378 .

CARABIN, Thierry M. (1998): *Test de aptitudes profesionales*. Barcelona: Editorial de Vecchi.

CASTAÑO LÓPEZ, Carlos (1995): «Personalidad y cognición» en *Manual de asesoramiento y orientación vocacional*. Madrid: Síntesis.

CLOUGH, Edwin (1998): [Study and examination techniques. Español] *Técnicas de estudio y examen* / Edwin Clough [traducción, Ignacio Augustín Regañón] Madrid: Pirámide.

EALBISETTI, V. (1998): *El aprendizaje del autocontrol.* Madrid: San Pablo.

ELZO, Javier (1992): *Drogas y escuela– IV, Escuela de Trabajo Social*: San Sebastián.

GARANDERIE, Antoine de la (1983): *Los perfiles pedagógicos: descubrir las aptitudes escolares* Madrid: Narcea.

GIL BELTRÁN, José Manuel (1996): *Técnicas de estudio para universitarios: cuaderno de prácticas* / José Manuel Gil Beltrán [Castellón de la Plana]: Publicacions de la Universitat Jaume I, 1996, 60 p.; 30 cm.

GÓMEZ GÓMARA, Fernando (1998): *Curso de técnicas de estudio* / [autor, Fernando Gómez Gomara]1ª ed. Santander: Formación y Estudios de Cantabria.

GORDILLO, M. Victoria (1995): «Relación de ayuda en la conducta vocacional», en F. Rivas, *Manual de asesoramiento y orientación vocacional.* Madrid: Síntesis.

ISRAEL, MERY (1997): *Curso de técnicas de estudio y lectura rápida* / Mery Israel 1ª ed. Barcelona: Ceac, 1997.

JACKSON, Brian (1981): *Cada niño una excepción*: (cómo motivar las aptitudes infantiles) versión del inglés de Pilar Carra Martínez. Madrid: Morata. Colección Psicología.

JIMÉNEZ ORTEGA, José (1997): *Aprendiendo a estudiar: curso práctico de técnicas de estudio* / José Jiménez Ortega, Julia Alonso Obispo; ilustraciones, David Ouro Torrejón de Ardoz: Akal.

LAIR RIBEIRO (1997): *Supera las pruebas de acceso a la universidad. Técnicas para afrontar con éxito exámenes y pruebas de admisión.* Barcelona: Urano.

MEJÍA FERNÁNDEZ, Miguel (1997): *Técnicas personales de estudio: cómo superar la Educación Secundaria con facilidad* / Miguel Megía Fernández. Madrid: CEPE, D.L. 1997, 115 p.: il.; 19 x 27 cm.

MURDOCK, Maureen (1996): *Tú sabes, tú puedes: técnicas para desarrollar y potenciar las aptitudes de niños y jóvenes.* Madrid: Gaia.

PEDRÓ MARTÍ, Juan (1997): *Técnicas de estudio: guía rápida* / [Juan Pedró Martí] [Barcelona]: Escuela Comercial de Barcelona.

QUIRANTES ALONSO, Fernando (1996): *Técnicas de estudio.* Granada: ÇF. Quirantes.

RIVAS, Francisco (1995): *Manual de asesoramiento y orientación vocacional.* Madrid: Síntesis.

RODRÍGUEZ, N. (1998): *El niño positivo.* Barcelona: Robin Book.

SÁNCHEZ CÁNOVAS, José (1995): «Aptitudes y destrezas», en F. Rivas, *Manual de asesoramiento y orientación vocacional*. Madrid: Sínteis.

TIERNO, B. (1996): *Las dificultades escolares*. Madrid: Aguilar.

TIERNO, B. (1995): *Guía para salvar el curso*. Madrid: Temas de hoy.

TIERNO, B. (1998*): Adolescentes, Las 100 preguntas clave*. Madrid: Temas de Hoy.

TOCQUET, Robert (1970): *Cómo desarrollar la atención y la memoria*. Madrid: Ibérico Europea Ediciones.

VV.AA. (1988): *Métodos de estudio*. Barcelona: Martínez Roca.

Ejercicios de repaso

1. Señalar la acepción correcta:

   ☐ Retraso escolar.
   ☐ Fracaso escolar.
   ☐ Dificultades escolares.

2. Una alumna de tercero de la ESO, que hasta el momento había conseguido buenas calificaciones, ha suspendido en junio las matemáticas, ¿qué deben hacer los padres?

   ☐ Suspender las vacaciones y matricularla en una academia.
   ☐ Hablar con ella sobre el tema y proponer un plan de estudio en la playa consistente en la lectura de un libro de recuperación y la compra de un ordenador con programas de cálculo y juegos de números.
   ☐ Hablar con el profesor y matricularla en una academia.

3. Cuando un alumno llega a casa con calificaciones insuficientes:

   ☐ No se nombra que sus primos lo han hecho mejor, se actúa como si no hubiese pasado nada.
   ☐ Ver de forma optimista qué libros comprará y qué museos visitará la familia este verano para que el alumno recupere la historia de España.
   ☐ Es conveniente manifestar la desilusión por los resultados para que no vuelva a repetirlos.

4. Frente a unas calificaciones insuficientes en todas las asignaturas:

☐ Deberá en primer lugar descartar tanto anomalías físicas como psíquicas, y que no ha existido un abandono pedagógico.
☐ Deberá en primer lugar abordarse con optimismo un plan de recuperación.
☐ Deberá ayudar a su hijo en los deberes.

5. Señalar la respuesta correcta:

☐ Las dislexias, disfemias, disgrafias son trastornos relacionados con el lenguaje.
☐ Los niños que sufren disgrafias no pueden reproducir sonidos.
☐ Las disortografias son alteraciones en el aprendizaje de los números.

6. Señalar la respuesta correcta:

☐ La enseñanza programada se basa en los principios del aprendizaje condicionado.
☐ El aprendizaje razonado se basa en el método de «ensayo y error».
☐ El precursor del «Condicionamiento Clásico» fue el profesor Skinner.

7. Cuáles son los tres factores del éxito en el aprendizaje:

☐ La atención, la inteligencia, el método.
☐ La inteligencia, la motivación y el método.
☐ La combinación entre el talento, la motivación y el método.

8. Hacia qué alumnos dirigirá el profesor en mayor medida su estrategia para la motivación:

☐ Los más inteligentes.
☐ Los mas retraídos.
☐ Hacia todos.

9. Señalar la respuesta correcta:

☐ Se considera aprendizaje aquello que queda registrado en la memoria, tanto en la memoria a corto plazo, como a largo plazo.
☐ Se considera aprendizaje sólo aquello que queda registrado en la memoria a largo plazo.
☐ El ser humano dispone de «memoria a medio plazo», «memoria a largo plazo» y cosas que no se olvidan nunca.

10. La mayor rapidez y la atención lectora se consiguen:

☐ Leyendo palabra por palabra.
☐ Poniendo más atención a la primera y segunda parte de cada párrafo.
☐ Leyendo sílaba por sílaba.

11. Cuál se considera la mejor forma de repasar:

☐ Todas las asignaturas todos los días.
☐ Varias asignaturas cada día.
☐ Una asignatura entera cada día.

12. Señalar una o más respuestas correctas:

□ El hemisferio derecho tiene una mayor relación con las emociones y una especial percepción de la música.
□ El hemisferio izquierdo tiene funciones lógicas, analíticas y verbales.
□ El hemisferio izquierdo es la parte del cerebro especializada en la síntesis, la orientación, el esfuerzo artístico, la imagen del cuerpo y la capacidad de reconocer caras.

13. Qué definición concuerda con el concepto de mnemotecnia:

□ La mnemotecnia es el arte de servirse de la inteligencia para ayudar a la memoria.
□ La mnemotecnia es el entrenamiento de la mente.
□ La mnemotecnia es el arte de poner la confianza en la memoria.

14. Señalar la respuesta correcta:

□ La regla conocida como SACRA consiste en: sintetizar, analizar, asociar, comparar, reunir.
□ La voluntad no puede ser utilizada sólo en la etapa de recuperación.
□ Las funciones de la mente que ayudan a la memoria son la inteligencia, la voluntad, la atención y la retención.

15. Para elegir estudios y carrera profesional deben tenerse en cuenta:

□ Los estudios para los que el alumno se encuentra más capacitado aunque no le gusten demasiado.
□ Los estudios y profesiones que más le gustan al alumno aunque no tengan apenas posibilidades de salida profesional.
□ Suelen coincidir las profesiones para las que nos encontramos más capacitados con aquellas por las que sentimos mayor motivación, dado que ambos aspectos se retroalimentan.

16. Señalar todos los enunciados correctos:

☐ La persona sentimental actúa con lentitud, no se altera por nada y asume los problemas con gran filosofía. Son por ello adecuados para las profesiones administrativas, las sedentarias y rutinarias.

☐ La personalidad flemática valora de forma primordial los sentimientos ajenos, con un gran espíritu de ayuda y comprensión, se encuentra más dotada para profesiones centradas en la enseñanza, el cuidado de enfermos, personas de la tercera edad.

☐ La personalidad colérica se caracteriza por su vehemencia, lo que se traduce en una alta agresividad en el trabajo.

☐ El apasionado es un tipo de carácter que se caracteriza por su entrega al trabajo.

17. Sin titulación previa pueden seguirse entre otros estudios de:

☐ Vendedor.

☐ Monitor de Artes Marciales, Monitor de Club Deportivo, Monitor de Tiempo Libre Infantil.

☐ Danza, Actor, Escuelas privadas de Música.

☐ Formación Profesional.

☐ Bachillerato o Segundo Ciclo de la ESO.

18. Para fomentar un ambiente de estudio en el hogar se debe:

☐ Mantener una actitud comprensiva y dialogante.

☐ Crear un clima de optimismo y distensión.

☐ Motivar a que los hijos realicen con entusiasmo las tareas del hogar y otras tareas extraescolares.

☐ No cargándoles de tareas extraescolares y del hogar.

☐ Manifestar interés por las tareas escolares y proporcionarles herramientas para superar las dificultades.

☐ En los momentos de desánimo o «fracaso» es cuando más hay que apoyar positivamente.

☐ Respetar el silencio en las horas de estudio.

19. En los exámenes escritos se debe:

☐ Intentar demostrar que eres el mejor y el que más sabe de un tema.
☐ No estudiar durante la noche anterior.
☐ Consultar a otras personas sobre las preguntas que suele poner el profesor y estudiarse sólo esa parte.
☐ Leer el examen mientras el profesor explica cómo quiere que se haga para ganar tiempo.
☐ Comenzar por las preguntas que peor se sepan ya que las otras se contestarán con rapidez.

20. Si las calificaciones del estudiante son pésimas pero piensa que está a tiempo de salvar el curso conviene:

☐ Comenzar a estudiar por las noches con café.
☐ Dejar de ir a clase para quedarse estudiando los apuntes.
☐ Estudiar en grupo durante los fines de semana.
☐ Impedirle leer el periódico mientras ve la tele.
☐ Tomárselo con mucha tranquilidad, creando el ambiente de estudio necesario.

Solución de los ejercicios

1. Señalar la acepción correcta:

☐ Retraso escolar.
☐ Fracaso escolar.
✓ Dificultades escolares.

2. Una alumna de tercero de la ESO, que hasta el momento había conseguido buenas calificaciones, ha suspendido en junio las matemáticas, ¿qué deben hacer los padres?

☐ Suspender las vacaciones y matricularla en una academia.
✓ Hablar con ella sobre el tema y proponer un plan de estudio en la playa consistente en la lectura de un libro de recuperación y la compra de un ordenador con programas de cálculo y juegos de números.
☐ Hablar con el profesor y matricularla en una academia.

3. Cuando un alumno llega a casa con calificaciones insuficientes:

☐ No se nombra que sus primos lo han hecho mejor, se actúa como si no hubiese pasado nada.
✓ Ver de forma optimista qué libros comprará y qué museos visitará la familia este verano para que el alumno recupere la historia de España.

☐ Es conveniente manifestar la desilusión por los resultados para que no vuelva a repetirlos.

4. Frente a unas calificaciones insuficientes en todas las asignaturas:

✓ Deberá en primer lugar descartar tanto anomalías físicas como psíquicas, y que no ha existido un abandono pedagógico.
☐ Deberá en primer lugar abordarse con optimismo un plan de recuperación.
☐ Deberá ayudar a su hijo en los deberes.

5. Señalar la respuesta correcta:

✓ Las dislexias, disfemias, disgrafias son trastornos relacionados con el lenguaje.
☐ Los niños que sufren disgrafias no pueden reproducir sonidos.
☐ Las disortografias son alteraciones en el aprendizaje de los números.

6. Señalar la respuesta correcta:

✓ La enseñanza programada se basa en los principios del aprendizaje condicionado.
☐ El aprendizaje razonado se basa en el método de «ensayo y error».
☐ El precursor del «Condicionamiento Clásico» fue el profesor Skinner.

7. Cuáles son los tres factores del éxito en el aprendizaje:

☐ La atención, la inteligencia, el método.
☐ La inteligencia, la motivación y el método.
✓ La combinación entre el talento, la motivación y el método.

8. Hacia qué alumnos dirigirá el profesor en mayor medida su estrategia para la motivación:

☐ Los más inteligentes.
☐ Los mas retraídos.
✓ Hacia todos.

9. Señalar la respuesta correcta:

☐ Se considera aprendizaje aquello que queda registrado en la memoria, tanto en la memoria a corto plazo, como a largo plazo.
✓ Se considera aprendizaje sólo aquello que queda registrado en la memoria a largo plazo.
☐ El ser humano dispone de «memoria a medio plazo», «memoria a largo plazo» y cosas que no se olvidan nunca.

10. La mayor rapidez y la atención lectora se consiguen:

✓ Leyendo palabra por palabra.
☐ Poniendo más atención a la primera y segunda parte de cada párrafo.
☐ Leyendo sílaba por sílaba.

11. Cuál se considera la mejor forma de repasar:

☐ Todas las asignaturas todos los días.
✓ Varias asignaturas cada día.
☐ Una asignatura entera cada día.

12. Señalar una o más respuestas correctas:

- ✓ El hemisferio derecho tiene una mayor relación con las emociones y una especial percepción de la música.
- ✓ El hemisferio izquierdo tiene funciones lógicas, analíticas y verbales.
- ☐ El hemisferio izquierdo es la parte del cerebro especializada en la síntesis, la orientación, el esfuerzo artístico, la imagen del cuerpo y la capacidad de reconocer caras.

13. Qué definición concuerda con el concepto de mnemotecnia:

- ✓ La mnemotecnia es el arte de servirse de la inteligencia para ayudar a la memoria.
- ☐ La mnemotecnia es el entrenamiento de la mente.
- ☐ La mnemotecnia es el arte de poner la confianza en la memoria.

14. Señalar la respuesta correcta:

- ✓ La regla conocida como SACRA consiste en: sintetizar, analizar, asociar, comparar, reunir.
- ☐ La voluntad no puede ser utilizada sólo en la etapa de recuperación.
- ☐ Las funciones de la mente que ayudan a la memoria son la inteligencia, la voluntad, la atención y la retención.

15. Para elegir estudios y carrera profesional deben tenerse en cuenta:

- ☐ Los estudios para los que el alumno se encuentra más capacitado aunque no le gusten demasiado.
- ☐ Los estudios y profesiones que más le gustan al alumno aunque no tengan apenas posibilidades de salida profesional.
- ✓ Suelen coincidir las profesiones para las que nos encontramos más capacitados con aquellas por las que sentimos mayor motivación, dado que ambos aspectos se retroalimentan.

16. Señalar todos los enunciados correctos:

- ✓ La persona sentimental actúa con lentitud, no se altera por nada y asume los problemas con gran filosofía. Son por ello adecuados para las profesiones administrativas, las sedentarias y rutinarias.
- ☐ La personalidad flemática valora de forma primordial los sentimientos ajenos, con un gran espíritu de ayuda y comprensión, se encuentra más dotada para profesiones centradas en la enseñanza, el cuidado de enfermos, personas de la tercera edad.
- ✓ La personalidad colérica se caracteriza por su vehemencia, lo que se traduce en una alta agresividad en el trabajo.
- ✓ El apasionado es un tipo de carácter que se caracteriza por su entrega al trabajo.

17. Sin titulación previa pueden seguirse entre otros estudios de:

- ✓ Vendedor.
- ✓ Monitor de Artes Marciales, Monitor de Club Deportivo, Monitor de Tiempo Libre Infantil.
- ✓ Danza, Actor, Escuelas privadas de Música.
- ✓ Formación Profesional.
- ☐ Bachillerato o Segundo Ciclo de la ESO.

18. Para fomentar un ambiente de estudio en el hogar se debe:

- ✓ Mantener una actitud comprensiva y dialogante.
- ✓ Crear un clima de optimismo y distensión.
- ✓ Motivar a que los hijos realicen con entusiasmo las tareas del hogar y otras tareas extraescolares.
- ✓ No cargándoles de tareas extraescolares y del hogar.
- ✓ Manifestar interés por las tareas escolares y proporcionarles herramientas para superar las dificultades.
- ✓ En los momentos de desánimo o «fracaso» es cuando más hay que apoyar positivamente.
- ✓ Respetar el silencio en las horas de estudio.

19. En los exámenes escritos se debe:

- ☐ Intentar demostrar que eres el mejor y el que más sabe de un tema.
- ✓ No estudiar durante la noche anterior.
- ☐ Consultar a otras personas sobre las preguntas que suele poner el profesor y estudiarse sólo esa parte.
- ☐ Leer el examen mientras el profesor explica cómo quiere que se haga para ganar tiempo.
- ☐ Comenzar por las preguntas que peor se sepan ya que las otras se contestarán con rapidez.

20. Si las calificaciones del estudiante son pésimas pero piensa que está a tiempo de salvar el curso conviene:

- ☐ Comenzar a estudiar por las noches con café.
- ☐ Dejar de ir a clase para quedarse estudiando los apuntes.
- ✓ Estudiar en grupo durante los fines de semana.
- ☐ Impedirle leer el periódico mientras ve la tele.
- ✓ Tomárselo con mucha tranquilidad, creando el ambiente de estudio necesario.

Sobre la autora

Ángeles Rubio Gil es doctora en Sociología, especializada en Educación y Empleo por la Universidad Complutense de Madrid y profesora en las licenciaturas de Psicología y Psicopedagogía en la Universidad Camilo José Cela.

Autora de libros que abordan las problemáticas más candentes de la sociedad actual como *La Integración Financiera* (Iberediciones), *Recursos Humanos: Organización del Trabajo y Empleo* (Ariel), *Sociología del Turismo y el Ocio*(Ariel), *Formación de Formadores* (Pirámide), etc. En su última obra *Finanzas y Sociedad* (Thomson Learning-Paraninfo), además de su coordinación, redactó, entre otros, los artículos dedicados a la educación y la problemática del capital humano.

En su participación social destaca la creación del servicio Línea Social de apoyo psicopedagógico y laboral, y la redacción de artículos sobre las dificultades que afectan a grupos como las personas de movilidad reducida, las mujeres o los profesionales de los servicios. Ha contado con diversas becas, y premios literarios y a la investigación por parte de diferentes instituciones públicas (Ministerios de Cultura, Economía, Asuntos Sociales, Defensa, Asociación de Derechos Civiles, Confederación madrileña de Empresarios, Europa Universitas, [ELE], etc.).

En su dirección de correo electrónico atiende todos los comentarios de sus lectores angelesrubio@wanadoo.es. En la actualidad se encuentra finalizando un ensayo bajo el título *El azar como destino*. Un estudio sobre sociología del juego y del riesgo, en el que además desarrolla la idea sobre la importancia del juego como agente de socialización.